Ortega y Gasset

MEDITACIÓN DE LA TÉCNICA

Juan Carlos Castelló Meliá
Felipe Zaragoza Cabañas

DIÁLOGO

HISTORIA DE LA FILOSOFÍA
2º DE BACHILLERATO

MEDITACIÓN DE LA TÉCNICA. *Obras completas*. Madrid. Fundación José Ortega y Gasset/Taurus 2004-2010. Tomo V, pp. 551-605.

INTRODUCCIÓN AL CURSO ¿QUÉ ES LA TÉCNICA? Obras completas. Madrid. Fundación José Ortega y Gasset/Taurus 2004-2010. Tomo IX, pp. 27-31.

C/ Amado Granell Mesado, 12, pta. 10ª.
46006 Valencia
Telf.-Fax: 963 16 30 14
E-mail: editorial@dialogo-tilde.es
www.dialogo-tilde.es

1ª edición: mayo de 2012
4ª impresión: julio de 2020

ISBN: 978-84-96976-70-2
Depósito legal: V-1446-2012

Impreso en España / Printed in Spain
Maquetación: Innove visual
Imprime: GZ Printek

ÍNDICE

PRESENTACIÓN

La experiencia diaria en el aula con la asignatura "Historia de la Filosofía" pone de manifiesto la necesidad de los alumnos de contar con información complementaria y de materiales de apoyo, ordenados y sistematizados, que faciliten la tarea de comprender el pensamiento de un autor. Este es el objetivo de la presente obra sobre el pensamiento de José Ortega y Gasset que se apoya en la obra *Meditación de la técnica*, precedida de una "Introducción" que formó parte de las conferencias sobre las que posteriormente se publicó la obra.

Estructura del examen de la P.A.U.

En cada convocatoria de las P. A.U. –como en la actualidad– se propondrán 4 exámenes correspondientes a los 2 autores de 2 bloques del temario vigente (integrado por 4 bloques de 2 autores): el alumno elegirá y responderá al examen de 1 autor del bloque que decida. La duración del examen será de 1 hora y 30 minutos.

Modelo de examen.

Cada examen constará de un texto y cuatro cuestiones: el referente fundamental de las dos primeras será el texto y el de las dos últimas el campo temático delimitado en relación con el pensamiento del autor

Textos de examen

Fuentes de los textos: El texto será un fragmento de una selección prefijada de lecturas de filósofos. Para evitar textos de examen demasiado largos el fragmento podrá estar recortado internamente con la indicación correspondiente para advertirlo.

Cuestión 1ª. Puntuación: hasta 2 puntos

Tipo de pregunta: Salvo que la pregunta solicite, excepcionalmente, la reconstrucción de un argumento a partir de un enunciado concreto del texto, su formulación invariable se expresará en estos términos: *«Sintetiza las ideas del texto mostrando en tu resumen la estructura argumentativa o expositiva desarrollada por el autor»*.

Criterios de corrección:

En cualquiera de sus dos posibles formulaciones –invariable o a partir de un enunciado concreto del texto– se debe valorar la capacidad para mostrar con claridad la estructura argumentativa o expositiva del texto. De acuerdo con el criterio general precedente, la síntesis que se pide como respuesta debe mostrar que se ha comprendido:

1. Cuáles son las ideas o los argumentos principales del texto.
2. Cómo se relacionan entre sí dentro de su estructura expositiva o argumentativa para llegar a la tesis o conclusión general.

Valoración: Los dos criterios valen por igual, hasta 1 punto cada uno.

Cuestión 2ª. Puntuación: hasta 2 puntos

Tipo de pregunta: Definición de un término (o dos, si están relacionados) presente en el texto. Formulación invariable: *«Define el (los) término(s relacionados), partiendo de la información ofrecida por el texto y completándola con el conocimiento que tengas de la filosofía del autor»*.

Criterios de corrección:

Se debe valorar la capacidad para definir términos filosóficos, o expresiones, analizándolos a partir de su uso en el texto del examen.

1. La respuesta debe incluir expresamente una definición del término propuesto (o, en su caso, de los dos propuestos aclarando su relación).
2. La definición debe ser elaborada a partir de la información ofrecida por el texto, haciendo referencias explícitas al uso del término o los términos en el mismo.
3. La explicación del o de los términos se debe complementar con el conocimiento general sobre ellos derivado del estudio de la filosofía del autor.

Valoración: Los tres criterios valen por igual, hasta 1/3 de los 2 puntos cada uno.

Cuestión 3ª Puntuación: hasta 5 puntos

Tipo de pregunta: Redacción sobre un tema de la filosofía del autor del texto.

Criterios de corrección:

Se debe valorar la capacidad para desarrollar el tema propuesto centrándose en su formulación concreta y aplicando su conocimiento general del texto completo y del autor trabajado en clase.

1. Los contenidos de la Redacción deben centrarse en responder a la formulación concreta del enunciado, sin digresiones innecesarias e incluyendo en su desarrollo la explicación y justificación de las ideas expuestas.

2. La exposición de la Redacción debe ser, a su vez, clara y ordenada.
Valoración: El primer criterio se valorará hasta 3,5 puntos y el segundo hasta 1,5 puntos.

Cuestión 4ª. Puntuación: hasta 1 punto

Tipo de pregunta: Su formulación invariable será la siguiente: *«Comenta brevemente cualquier aspecto del pensamiento del autor del texto que juzgues importante en alguno de estos sentidos: por su relación con el de otros filósofos, con hechos históricos relevantes (especialmente si son coetáneos del autor o tienen relación con su vida) o con rasgos significativos del mundo contemporáneo».*

Criterios de corrección:

Se debe valorar la capacidad para aplicar o relacionar el pensamiento del autor con cualquiera de los aspectos sugeridos en la cuestión.

1. Se valorarán los contenidos de interés filosófico expuestos.

2. Se valorará la originalidad de la propuesta del alumno o la alumna y su exposición reflexiva y justificada, evitando respuestas memorísticas o estereotipadas.

Valoración: Los dos criterios valen por igual, hasta 0,5 puntos cada uno.

"Mi obra es, por esencia y presencia, circunstancial. ... jamás ha hecho el hombre cosa alguna en el mundo que no fuera circunstancial"

I. ORTEGA: VIDA Y CIRCUNSTANCIA

A Biografía

José Ortega y Gasset nace en Madrid en 1883. En 1891 ingresa en el Colegio de San Estanislao (jesuitas) de Miraflores del Palo (Málaga). En 1897 termina el Bachillerato en el Instituto de Málaga y durante un año cursa estudios de Derecho en la Universidad de Deusto. Realiza los exámenes finales en Salamanca (se examina de Griego con Miguel de Unamuno). Obtiene la Licenciatura en Filosofía y Letras en la Universidad Central de Madrid en 1902. En esta misma Universidad alcanza el título de Doctor con la tesis *Los terrores del año mil: crítica de una leyenda* (1904).

A partir de ese momento inicia una serie de viajes a Alemania: en 1905 va a la Universidad de Leipzig (estudia Psicología, Lógica, Fisiología y Anatomía); en 1907 visita en Berlín (asiste a las clases de Simmel) y Marburgo.

Accede, en 1908, a la Cátedra de Psicología, Lógica y Ética de la Escuela Superior de Magisterio de Madrid. En 1910 es Catedrático de Metafísica de la Universidad Central. Un tercer viaje a Alemania, en 1911, le lleva de nuevo a Marburgo. Toma contacto con el *neokantismo* de Hermann Cohen y Paul Natorp, aunque también profundiza en la *Fenomenología*. Desde ese momento su vida intelectual queda determinada por tres instancias: la cátedra, el periodismo y la política, que él entiende como tres caras de una misma actividad.

Fundó el diario *El Sol* y las revistas *España* y *Revista de Occidente* como primer modo de comunicar sus ideas, especialmente por lo que respecta a una de sus principales preocupaciones: *europeizar España para sacarla de su tradicional retraso*. En una importante conferencia pronunciada en 1910 afirmó que “España era el problema y Europa la solución”.

Fruto de esta preocupación fueron sus incursiones en política (ingresó en la *Liga de Educación Política Española*, fundada en 1913 y en la que figuraron, además, intelectuales como Manuel Azaña, Fernando de los Ríos, Julián Besteiro, etc. Ortega fue, sin duda, el centro de ella y el de una brillante generación de intelectuales y políticos de la época. El principal objetivo de la *Liga* era la formación de *minorías intelectuales* que pudieran influir en el ámbito de los valores y usos sociales vigentes.

En 1914 Ortega escribió su primer libro, *Meditaciones del Quijote*, donde se encuentran ya esbozadas algunas de sus más importantes ideas filosóficas: *circunstancia y perspectiva*.

En 1929 presentó la dimisión de su cátedra en solidaridad con una huelga general de estudiantes contra la dictadura de Primo de Rivera. Pocos meses después fue reintegrado en su puesto y en 1931 fundó, junto a Marañón y Pérez de Ayala, la *Agrupación al Servicio de la República*, un nuevo proyecto de reforma social.

En las primeras elecciones republicanas fue elegido diputado por la provincia de León. La *Agrupación* se disuelve en 1932, tras el manifiesto orteguiano *Rectificación de la República*, iniciándose así su progresivo distanciamiento del régimen del 14 de Abril. Durante la Guerra Civil Española (1936-1939) se traslada a París y luego a Lisboa, en 1942.

Regresa definitivamente a España en 1945.

Uno de los hechos más relevantes, durante este último período de su vida, será su participación, junto con Heidegger, enfrentándose a él, en los Coloquios de Darmstadt (Alemania), en 1951.

Murió en Madrid en 1955.

Obras principales.

Meditaciones del Quijote (1914).

El Espectador (1916-1934).

España Invertebrada (1921).

El tema de nuestro tiempo (1923).

La deshumanización del arte (1925).

¿Qué es filosofía? (1929).

La rebelión de las masas (1930).

La idea de principio en Leibniz (publicación póstuma, 1958).

B Contexto histórico e ideológico

La situación histórica de España, desde mediados del siglo XIX, era lamentable: los reinados de Fernando VII e Isabel II habían imposibilitado la incorporación de España al panorama europeo de renovación social, industrial y democrática; situación que empeoró en el primer tercio del siglo XX y cuyos hechos históricos más significativos fueron los siguientes:

1. La insuficiencia democrática heredada del siglo XIX y del reinado de Alfonso XII.
2. El desastre del 98, con el desprestigio de la *Restauración* y la agudización de las tensiones sociales y regionales que se vivían en España.
3. Cambios y crisis políticas, fruto de las tensiones políticas y sociales cada vez más agudas: *Semana Trágica de Barcelona* (1909), *Guerra de Marruecos* (1911-1927), *Dictadura de Primo de Rivera* (1923-1930) y la *caída de la Monarquía,* en 1931.

   Ortega participó políticamente y fue elegido diputado.
4. La *Segunda República* (1931-1936), pretendió ser un intento de regeneración de España, que introdujo importantes cambios a todos los niveles de la vida.
5. *Golpe de estado, guerra civil* (1936-1939) *y régimen franquista* (1939-1975), que produjo una ruptura total con el regeneracionismo anterior, aunque la dictadura creó su propia retórica.

Ortega, junto con otros muchos intelectuales y políticos, se exilia.

Y todo eso acontecía, además entre dos guerras mundiales (1914-1918 y 1939-1945) y un *crack* económico (1929) que convulsionó al mundo entero.

El anterior conjunto de circunstancias había llevado a diversos intelectuales españoles a preocuparse por la modernización de la nación. Es el llamado *regeneracionismo*. Ortega fue uno de sus máximos exponentes.

II.
El filosofar de Ortega

Aunque son muchos y muy diversos los aspectos y matices que caben destacar en la obra de Ortega, en un libro de esta naturaleza nos centramos exclusivamente en cinco apartados, concluyendo con una presentación general y panorámica de la importancia que concede a la técnica. Estos cinco apartados son los siguientes:

A) Las etapas de su pensamiento.
B) El conjunto de *circunstancias ideológicas* en las que se desarrolla cualquier pensamiento (Ortega lo denomina "Las condiciones de posibilidad del pensamiento").
C) El *método Jericó*, que es como denominó a su forma de trabajar.
D) Su *idea de filosofía*.
E) El concepto de "vida" (y el *raciovitalismo*), que resulta imprescindible en cualquier exposición de su pensamiento.

A Períodos de la evolución del pensamiento de Ortega: ***objetivismo*** (1902-1914), ***perspectivismo*** (1914-1923) y el ***raciovitalismo*** (desde 1923 en adelante).

Aunque es posible destacar algunas rupturas entre los distintos momentos de su obra, se acepta generalmente que existe una *cierta continuidad* a lo largo de todo su pensamiento filosófico y que cada cambio de etapa tan sólo es una *maduración de la situación anterior*.

No obstante, bastantes críticos creen que a Ortega le faltó una sistematización definitiva de su pensamiento.

1) *Objetivismo* (la filosofía como *salvación*).

En un primer momento, que es todavía un momento de formación, toma contacto con el quehacer científico y filosófico de Alemania. Su obra más importante de este periodo es *Meditaciones del Quijote* (1914).

Los problemas de esta etapa son España y su desfase social, cultural, técnico, etc., en relación a Europa. La solución o salvación de España la ve Ortega en Europa: imitar su metodología científica.

¿Qué entender por “Europa”, en el ideario orteguiano? Europa es progreso y modernidad, tanto en la vida civil, como en la política, universitaria e industrial. A este respecto, la ecuación para Ortega resulta clara: “Europa = ciencia (conocimiento veraz)”.

Y **la ciencia es, precisamente, donde reside la “objetividad” y la verdad**. Por eso mismo, la salvación de España pasa por el *objetivismo* (científico); es decir, por los procedimientos de la ciencia: la precisión y el método; por el hábito crítico y la racionalidad.

Sólo así, afirma, *sería posible* lograr el mismo progreso moral y material al que han llegado el resto de las más importantes naciones europeas, a las que su actitud científica frente a la realidad es la que les ha reportado mayor conocimiento y una ciencia y técnica superiores.

Este periodo puede sintetizarse con las siguientes palabras de Ortega: *“la verdad no tiene otro camino que la ciencia: la fe sólo lleva a creer. Benditas nos son las buenas intenciones; pero preferimos los buenos métodos”*. (“Sobre una apología de la inexactitud”; OC, I, p. 122)

2) *Perspectivismo* y circunstancialidad.

En una segunda etapa, lleva a cabo Ortega un *programa filosófico propio* cuyo eje central es la idea de **circunstancia** (lo circunstancial, accidental y pasajero de lo humano). Enuncia así —precisamente en *Meditaciones del Quijote*— una de las tesis fundamentales de toda su filosofía posterior (incluida la *Meditación de la técnica*): *“Yo soy yo y mi circunstancia y si no la salvo a ella no me salvo yo”* (*Meditaciones del Quijote*; OC, I, p.322).

¿Qué significa “circunstancia” en Ortega? Para nuestro autor, este término tiene tres significados distintos, aunque no contrarios sino complementarios, a saber:

a) *paisaje concreto* de cada individuo (la *generación* de cada uno), esto es, el lugar y la situación histórica en que estamos condenados a realizar nuestra vida;

b) *lo que nos es dado e impuesto* en nuestra vida;

c) finalmente, el *conjunto de posibilidades* (dificultades y facilidades) que se nos presentan: aquí es estrictamente el “mundo natural”, que es el sentido más maduro y mejor explicado por nuestro autor, y que es el que encontramos en *Meditación de la técnica*.

De este modo, cuando decimos que la de Ortega es una *filosofía circunstancial*, nos referimos a que en ella se trata de que *la verdadera captación de la realidad está en saber dar cuenta de esa realidad desde la perspectiva vital en la que nos hallamos situados*, desde la "circunstancia" en que estamos inmersos. La verdad, lo real, el universo, la vida se quiebran en facetas innumerables, cada una de las cuales da hacia un sujeto: lo que cada sujeto capta es un aspecto real del mundo.

Esta pluralidad de *distintas perspectivas* (la de cada uno de nosotros) se transforma en la *necesidad de la tolerancia* recíproca.

"Perspectivismo" es algo tan sencillo como el punto de vista de cada cual. Ortega lo explica de una manera elemental, por ejemplo: las montañas de Gredos, que objetivamente siempre son las mismas y sólo son ellas mismas, son, sin embargo, "vistas" de distinta manera por un habitante de Segovia que por otro de Madrid. Son las mismas, pero *son vistas diferentemente*. Eso es el "perspectivismo", que no es otra cosa que un cierto "relativismo", pero sin llegar a caer en el absurdo del "todo vale", porque aun siendo válido que el "hombre es la medida de todas las cosas", hay límites emotivo-racionales que nos obligan a determinadas conductas. El aspecto "perspectivista" no es otro que el de ampliar los puntos de vista, de enfoque, en la comprensión de las cosas.

Convendría señalar que Ortega adopta esta postura "perspectivista" porque lo que quiere es desprenderse del "objetivismo" de su pensamiento anterior, en el cual proponía que la verdad estaba en los objetos, tal y como la ciencia los mostraba. Esa postura es ahora superada en favor de un *enfoque polifacético*, con lo que se enriquece el conocimiento.

3) *Raciovitalismo*

El paso siguiente al "perspectivismo" es el "raciovitalismo", que ya es una declaración confesa y madura de su posicionamiento filosófico: inmerso en la racionalidad, por supuesto (porque sin razón no hay vida humana), Ortega quiere aún "más racionalidad", pero señalando que *la razón pura crece en su capacidad si a ella se le añaden las fuerzas vitales*.

En esta tercera y última etapa de su pensamiento se incluyen importantes obras: *La rebelión de las masas* (1930), *Meditación de la técnica* (1933), *Ideas y creencias* (1940), *Historia como sistema* (1941), "El mito del hombre allende la técnica" (Coloquio de Darmstadt, 1951), *La idea de principio en Leibniz* (1958), entre otras.

El principal propósito de Ortega en este momento es *conciliar* dos ideas, sin renunciar a ninguna de ellas:

(a) la *racionalidad*, tradicional en Occidente desde el pensamiento griego (Todo se puede explicar mediante ideas y conceptos), aunque sea *falseando* la realidad;

(b) la *vida*, entendida desde el siglo XIX como un "impulso" imparable para la existencia (que en términos tradicionales es la *fuerza del sentir; los impulsos*).

En suma, para Ortega el "raciovitalismo" es incorporar a la racionalidad científica y técnica, tanto la perspectiva de los múltiples enfoques (*perspectivismo*) como los deseos vitales humanos (*vitalismo*).

Por resumir, ahora la tarea de Ortega es la de conciliar la "racionalidad" histórica de Occidente defendida anteriormente con el "instinto" o "impulso vital" (es decir, desde las corrientes filosóficas tradicionales hasta los postulados vitalistas de la gran mayoría de las corrientes filosóficas desde mediados del siglo XIX, en el que el complejo concepto "vida" ha cobrado protagonismo).

Por eso, Ortega, en esta tercera fase de su pensamiento, se inicia apoyándose en Nietzsche (1844-1900), aunque menos corrosivo, con una crítica al *racionalismo*, iniciado por Sócrates y seguido por muy importantes "discípulos" que abarcan el pensamiento occidental desde Platón a Hegel. Los "filósofos presocráticos" descubrieron el poder de la razón y, al hacerlo, sustituyeron los "impulsos vitales", con todas sus fuerzas, por el de la razón (la racionalidad).

La "fuerza del vivir" fue sustituida por la impasible "racionalidad"; o bien, en el área del conocimiento, la vida y los instintos —esenciales para la vida y para vivir— tenían que someterse a los dictados de la razón.

En este campo, la opinión de Ortega es diferente: lo racional y lo irracional no se oponen, sino que lindan; no son cosas antagónicas, sino complementarias; para él, superando incluso las más atrevidas tesis biologistas, la razón —la racionalidad— resulta ser sólo una forma y función de la vida.

Precisamente, el *tema de nuestro tiempo* consiste, dice Ortega, en **someter la razón a la vitalidad**, localizarla dentro de lo biológico, supeditada a lo espontáneo... La razón pura, mantiene, tiene que ceder, de alguna manera, al protagonismo de la razón vital; o bien combinar la "fuerza vital" (los impulsos vitales) con la necesaria exigencia de "racionalidad".

Es decir, *Ortega no es un vitalista declarado* (no pretende reducir todo a la biología o a los instintos), y tampoco quiere desvalorizar el poder de la razón, cayendo en el *irracionalismo*. Al contrario, quiere **más razón** todavía, más *racionalidad, pero que ésta no sea pura*: lo que quiere es **una "racionalidad"** ***superada*** que *entienda e incorpore* en sus análisis el valor de la vida y su fuerza vital.

De ahí el nombre de *raciovitalismo*.

Es decir, *no imponer a la realidad las estructuras de la razón*, cayendo así en el idealismo, sino *destacar la fuerza creativa de la vida en el impulso de la razón*, a la hora de establecer los fenómenos explicativos de la realidad humana.

Así pues, ni *racionalismo* (puro), ni *vitalismo* (puro), sino *racio-vitalismo*, que, simplemente, es **reconocer el valor de la razón, pero indicando sus raíces instintivas (intuición) y poniéndola al servicio de la vida,** que se transforma en la *realidad radical*, el "ser" de la metafísica.

El concepto "vida", desde muy diversas facetas, se convierte en el concepto principal de este periodo. Pero, al hacer de la vida la realidad radical (fundamental), además de superar el *vitalismo* y el *racionalismo*, Ortega también cree *superar la modernidad histórica* (La Ilustración), donde han imperado la razón pura y el idealismo.

El "raciovitalismo", por lo tanto, puede formularse así: *"yo soy el que ve el mundo y el mundo es lo visto por mí" (¿Qué es filosofía?, en OC, VII, p. 410)*, lo cual significa que ni la conciencia (o el sujeto, como creía el idealismo) ni el objeto (como creía el realismo) son el eje de la filosofía, sino que lo es la vida.

Si a la afirmación anterior se añade la de la segunda etapa: *"yo soy yo y mi circunstancia, y si no la salvo a ella no me salvo yo"*, tenemos el núcleo fundamental de su filosofía.

B Las condiciones de posibilidad del pensamiento

Ortega opina que para comprender a cualquier pensador o corriente filosófica hay que comenzar situándolo en su "circunstancia filosófica"; es decir, en el conjunto de *circunstancias* o *condiciones* que pueden establecerse para comprender cualquier situación, y que él mismo las califica como las ***"condiciones de posibilidad del pensamiento"***, y las concreta en las siguientes:

(1) la *infraestructura* en que el pensamiento estudiado se basa; sus orígenes y la evolución habida: lo que Ortega llama el "*subsuelo*".

(2) su *manifestación actual:* el "*suelo*".

(3) "*contra quien se procede*": pues toda argumentación, según Ortega, tiene un "*adversario*", o se dirige contra alguien.

Si aplicamos este mismo proceder a la hora de examinar el pensamiento orteguiano, es lícito realizarse la siguiente pregunta: ¿Cuáles son las *condiciones de posibilidad* en el pensamiento de Ortega?

1) ***El subsuelo (herencias remotas).*** Según Ortega, el *subsuelo* está constituido por capas profundas y originadas en lo antiguo del pensar colectivo dentro del cual brota el pensamiento de un pensador determinado. Para Ortega, los mundos grecolatino y juedocristiano son la base última del que se nutre el pensamiento occidental.

2) ***El suelo (herencias inmediatas).*** El *suelo* es de constitución reciente y hace referencia a las tesis o admisiones fundamentales de las que un pensador se da cuenta, pero que ha encontrado ya recientemente establecidas (sus raíces inmediatas).
El *suelo* en Ortega está compuesto por: la crisis del positivismo, la disolución del idealismo, el neokantismo, la fenomenología y el *vitalismo*, principalmente. Y, en concreto, de entre los pensadores que le influyen cabe destacar a *Nietzsche* y a *Dilthey*, y de las corrientes filosóficas a *la fenomenología*.
De Nietzsche aprende Ortega dos cosas: que todo acto vital es una interpretación y que el hombre es un **animal fantástico**. Desde aquí reformulará su idea de la "imaginación" como modo de hacerse la vida: el ser humano resulta ser un novelista de sí mismo.
Dilthey se le adelanta en el descubrimiento de la *razón histórica*, las categorías de la vida y la tesis del "hombre como ser histórico". Sin embargo, Ortega reformulará esta última diciendo que **el hombre no tiene naturaleza sino que tiene historia**; es decir, que lo que la naturaleza es a las cosas, lo es la historia al hombre (la historia es la naturaleza del hombre, del ser humano).
De su relación con la *fenomenología* se puede decir que es a partir de ella desde donde desarrolla su método filosófico (*método Jericó*) y su modo de expresarse a la manera de *meditación*.

3) ***El adversario.*** El *adversario*, dice Ortega, existe a la fuerza puesto que todo pensar es un *pensar en contra de alguien;* es decir, nuestros pensamientos se plasman en oposición a otro pensar anterior que hay a la vista y cuyo pensamiento nos parece erróneo, indebido, y que reclama ser superado.
¿Quién es el adversario de Ortega? Sin duda, es el filósofo alemán Martin Heidegger (1889-1976).
Efectivamente, la figura de Heidegger se levanta ante Ortega como un filósofo fuera de serie, pero también dice de sus escritos (especialmente de *Ser y tiempo*), que, en pleno siglo XX, repite con excesiva frecuencia que la filosofía es "la pregunta por el Ser".
Y que, al parecer de Ortega, el "ser" no es pregunta sino "la respuesta", porque la pregunta del siglo XX es por *la vida en tanto que realidad radical*.

Cuadro resumen:

Las condiciones del pensar	**Adversarios: (autor, corriente)**	**Ideas principales**	**Propuestas de Ortega**
Subsuelo	a) La filosofía griega y el pensamiento cristiano. b) El paradigma del ser.	El ser y la razón pura que nacen con Sócrates (y Platón).	*Sin embargo, la razón sólo es una función de la vida.*
Suelo	1) Fenomenología. 2) Nietzsche. 3) Dilthey.	1. Nietzsche: El hombre como animal fantástico. 2. Dilthey: El hombre, ser histórico. Razón histórica. Vida y sus categorías. 3. Método fenomenológico	*1. Eleva estos conceptos de secundarios a fundamentales y los mejora.* *2. El método Jericó es una personal versión orteguiana del método fenomenológico, mejorado por la razón vital y narrativa.*
Adversario	Heidegger	1) El ser es tiempo. Considera al hombre en su biografía; ésta es esencialmente búsqueda del sentido. 2) Define la existencia humana como ser-en-el-mundo. 3. Reduce los problemas de la filosofía, y de la técnica al problema del ser. 4. La técnica es causa de la crisis del hombre europeo, por eso hay retornar el sentido de la técnica a sus orígenes no técnicos, esto es, a la *téchne* griega, que se manifiesta como una expresión artística. 5. Condena al hombre en la "época de la técnica" a la angustia en su propia actividad.	*1) El "ser" es sólo una forma de llamar a la vida tal y como se expresa en el racionalvitalismo.* *2) El mundo es, sobre todo, resistencia al "vivir" (en general, conjunto de posibilidades: facilidades y dificultades).* *3) Posibilidad de la felicidad para el hombre a través de la técnica.* *4) La técnica es consubstancial al hombre y le lleva a desarrollar sus mejores posibilidades humanas.*

Resumamos un poco: en el caso de la Edad Moderna —cuyo inicio data del siglo XVII—, el principio básico que la constituye es la subjetividad (y la racionalidad pura que la acompaña y como ejemplo: Descartes), de modo que la filosofía moderna se presenta como *idealista* y *racionalista*. Pero también es verdad que toda época tiene su fin, que es cuando queda sustituida por otra nueva; y cada nueva época tiene otro destino y otra misión que realizar (que también tendrá su ocaso).

Ortega cree que el objetivo de la modernidad ya ha llegado, que ha aparecido una nueva de pensar y comprender el mundo (de explicarlo mediante el *raciovitalismo*), por lo que la misión de los pensadores es estar "a la altura de los tiempos", de los *nuevos tiempos*. Esa es la razón por la que Ortega se auto-define como *nada moderno y muy del siglo XX*.

"Vivir a la altura de los tiempos" significa, por un lado, superar definitivamente el *realismo*, especialmente en su vertiente *idealista*; pero además, apostar por una transformación de la filosofía desde el *raciovitalismo*.

En apretada síntesis, cuenta Ortega en qué se cifra esa superación de la modernidad: para los antiguos, la *realidad*, el *ser*, significaba la 'cosa' (según los antiguos se conocía de las cosas lo que ellas nos decían de sí mismas); para los modernos, desde el siglo XVII, *ser* significaba 'intimidad y subjetividad' (se conoce de las cosas lo que el pensamiento construye para ellas); para nosotros, sin embargo, *ser* significa 'vivir' —por tanto— intimidad con uno mismo y con las cosas: el ***raciovitalismo***.

C El método Jericó

El nombre está sacado de una conocida imagen bíblica: el asalto a la ciudad de Jericó, que fue un continuo dar vueltas en torno a las murallas hasta que sus habitantes fueron derrotados. Esta historia bíblica se convierte en una *metáfora* del plan propuesto por Ortega, que consiste en "dar vueltas" alrededor de los significados de un hecho o situación, tratando de alcanzar y desvelar su naturaleza (y así él trabaja en sus escritos). Lo que se averigua o desvela de este modo es el *contenido histórico y vital* del asunto indagado desde sus orígenes hasta la última de sus manifestaciones.

Ortega utilizó este proceder tanto sobre temas secundarios como sobre cuestiones principales en filosofía: sobre la caza o el saludo; sobre personajes como Goethe o Velázquez; sobre la cultura, la vida, y, evidentemente, sobre la técnica.

Sin embargo, el modo de expresar el contenido de sus indagaciones lo suele llamar Ortega "meditación". Una "meditación" es un caminar pensativo guiado por el método Jericó, que sigue la trayectoria del movimiento circular de una espiral, que se va cerrando paulatinamente.

La *Meditación de la técnica* es una clara muestra de ese proceder.

D Idea de filosofía

Para Ortega, la filosofía consiste en el *conocimiento y estudio radical de la totalidad del Universo*.

Conocimiento que se sustenta sobre las siguientes características:

1) la *radicalidad*, porque dice que la razón de la filosofía es la rebeldía contra la realidad tal y como de modo natural se nos presenta y tal y como la acepta nuestra conciencia ingenua; la filosofía, por tanto, se plantea los problemas últimos y primeros, y se esfuerza en pensarlos de *modo radical*, absoluto.
2) la *autonomía*, dado que no puede tomar prestadas las verdades conquistadas por otros saberes: la filosofía es una ciencia sin suposiciones previas.
3) el *universalismo*, pues, a diferencia de la especialidad de la ciencia, a la filosofía le interesa el Universo entero y en general; esto es, "de todo cuanto hay".
4) finalmente, es un *conocimiento teórico*; es decir, un conjunto de conceptos racionalmente expresables e intersubjetivo; de ahí que la filosofía sea *"un habla que nos desvele el ser de las cosas"*.

Pero esta definición/aproximación de/a la filosofía de Ortega no la da él de una vez y por todas, desde el comienzo de sus escritos, sino que la va madurando a lo largo del tiempo, por lo que se distingue una evolución en su pensamiento (vista anteriormente; pág. 13.)

E La vida (y el *raciovitalismo*)

Cuando Ortega habla de *vida* lo hace desde una perspectiva no sólo distinta, incluso antagónica, a lo que pueda entender un biólogo, un antropólogo o, en general, cualquier ciencia que se ocupe de ella y casi también a la de cualquier filosofía anterior o ajena al *raciovitalismo*; la vida, según Ortega, es un "hecho previo" (es un *dato radical*). La "vida" no es lo que pasa en mis células o en mis órganos, ni en la *supuesta* "naturaleza humana", que todo eso es el vivir animal. No, por supuesto que no, porque eso es una *vida biológica*, simplemente animal y evolutiva, sino que el "vivir humano" es *biográfico e individual* (histórico, social y personal).

Que la vida sea "biográfica e individual" significa que se trata, no tanto de la vida en general o en abstracto, sino de *la vida de cada cual* y, además, que cada cual la vea *bajo su perspectiva y circunstancia*. Esto es, precisamente, lo que le confiere a esa vida, profundamente humana y diferenciada de la animal, unos atributos o categorías propias que la hace consistir en un **saberse a sí misma**, en un ocuparse y en un "*quehacer-*

se". Por eso, dice Ortega, para saber qué es la vida no hay que buscar lejos: la vida es *lo que nos pasa, lo que somos y lo que hacemos*.

Esta noción de vida, contraria a la naturaleza, es la que se encuentra explícitamente declarada en la base de su reflexión sobre la "técnica" –siendo un punto especialmente importante para la comprensión de ese escrito– y su relación con el hombre a través de los distintos estadios de evolución de la técnica.

Por eso, para comprender con cierto detalle lo que Ortega entiende por "vida" hay que ocuparse de las vertientes en las que la expone:

1) La vida entendida como **"realidad radical"** (absoluta, definitiva).
   La vida, mantiene Ortega, *no es nada... no es una cosa o naturaleza fija y determinada, que eso es propio del vivir animal*, tal y como habían pretendido los filósofos realistas e idealistas (sujetos ambos a una concepción del *ser* y de la *realidad* de corte parmenídeo: algo fijo, inmutable y dado para siempre), sino que, muy al contrario, la vida consiste en un *hacerse a sí misma* continuamente; la vida es cambio, transformación social y personal, perseguir proyectos (por eso dice Ortega que su filosofía es de la simiente de Heráclito, que abogaba por el cambio continuo).
2) Esta concepción de la vida se expresa mejor a través del análisis de los atributos o **las categorías del vivir.**
   Para dar con la vida, que se escurre entre los conceptos o categorías tradicionales de la filosofía, Ortega emplea a fondo el método Jericó y a través de él descubre los siguientes atributos:
   a) La vida es saberse y encontrarse en el mundo. *Vivir es tener conciencia de estar en el mundo;* es un tomar conciencia o enterarse que se *coexiste con el mundo o circunstancia*. La vida y el conocimiento se necesitan, nos dice Ortega, lo que le hace separarse del *vitalismo* irracionalista de Nietzsche, para quien el conocimiento y la consciencia son aspectos superfluos ya que la vida, en su nivel más básico, es esencialmente inconsciente e instintiva.
   b) *La vida es ocupación*. Vivir es ocuparse de algo. Uno siempre se descubre a sí mismo ocupado con alguna cosa; esto es el encuentro del "yo" de cada uno con el mundo, y siempre se descubre haciendo algo en y con el mundo, con las cosas. Efectivamente, la vida, la vida de cada cual, consiste en ocuparse de algo, en tratar con algo, porque, es cierto, que *la vida se nos es dada, pero no se nos es "dada hecha"* (cultural y socialmente); lo único que nos es dado, biográficamente hablando, es que la "vida humana" es tener que hacérsela, cada cual la suya. La vida es un gerundio y no un participio: un *faciendum* y no un *factum*. La vida, en efecto, es ocupación, es un quehacer.

c) *La vida es proyecto*. Al decir que la vida es ocupación y quehacer, revela un marcado carácter de proyección: toda ocupación vital implica un proyecto, un hacer algo con mi vida.
Ese "hacer" (hacerse; ir haciéndose) es inicialmente indeterminado: existe la posibilidad de elegir diferentes quehaceres (la vida es posibilidad por imprevista). Sin embargo, existen límites: la pareja "*circunstancia-situación*" y la de "*proyecto-vocación*".
Efectivamente, vivir es encontrarse en el mundo, pero no abstractamente, sino en un *aquí* y un *ahora* (situación y circunstancia): **todo vivir es convivir con una circunstancia**. La tarea del hombre será reabsorber la circunstancia. Pero, además, como la vida no nos es dada hecha, no podemos sino hacérnosla, *fabricárnosla*.

d) *La vida es construcción del futuro*. Si, como acabamos de ver, la vida –no la biológica, sino la ideológica y cultural– consiste en decidir lo que vamos a ser, también se acepta que en su raíz hay un atributo temporal: decidir lo que vayamos a ser, por tanto, un proyectarse hacia el futuro.

Es desde este conjunto de atributos de donde se obtienen dos importantes conclusiones:

1) La sustancia de la vida es el tiempo, la sucesión, el devenir.
2) La temporalidad de lo real nos lleva a desnaturalizar los conceptos referentes a la realidad radical (la vida biológica) para someterlos a su historización: esto nos exige, para todo intento de interpretar la realidad, desplazarse desde la razón natural, o pura, hacia la razón histórica, que es vital y narrativa.

Estos planteamientos llevan a Ortega a esbozar un "**sistema de la razón vital**" (el "***raciovitalismo***"), cuyo punto de partida, o dato radical, es la *vida*, tal y como ha sido expuesta, y que se desarrolla en la "metafísica orteguiana", que acaba siendo una antropología filosófica.

En síntesis, este *sistema de la razón vital* es el resultado de articular las dos tesis mantenidas por Ortega a lo largo de su obra: *"yo soy yo y mi circunstancia"* (1914) y *"vida es estar el yo en la circunstancia"* (1929).

La metafísica y posterior antropología que desarrolla este sistema se resumen en la siguiente idea: *"el hombre hace metafísica cuando busca una orientación radical a su situación"*. Pero esta no es una metafísica teórica, metafísica entendida como un "trascender" (un ir "*más allá*") de la inmediatez circunstancial, sino como una *necesidad vital* que se debe desarrollar, como todo en la vida, socialmente.

Para concluir esta breve exposición del pensamiento de Ortega, señalamos sus puntos de vista más significativos en relación a la técnica:

F Sobre la técnica (campos temáticos):

1. SABER CIENTÍFICO, SABER UNIVERSITARIO Y SABER TÉCNICO.

[La respuesta a este campo temático se obtiene tanto de la "Introducción", así como de otras ideas sobre la ciencia y la técnica dispersas a lo largo del libro.]

Ortega lamentaba que el saber técnico no estuviera *todavía* integrado en la Universidad y de que *aún* no se hubiera constituido propiamente como un "saber científico", aun existiendo múltiples coincidencias entre ambos.

Efectivamente, que en su época no fuera un saber tomado en serio por la Universidad es fácilmente constatable (sólo habría que examinar los programas de las asignaturas de entonces, quizás reseñando alguna excepción que Ortega no tiene en cuenta, como la que representa el Masachussets Institute of Tecnology, de 1861), pero que no fuese propiamente un *saber científico* le resulta más difícil de entender porque, entre otras cosas, la técnica es un saber incluso anterior al científico, que fue apoyo en el desarrollo de la ciencia y que, en todo caso, han avanzado conjuntamente (ver lección XII).

En concreto, la razón de sus críticas a la institución universitaria está basada en el tipo de conocimiento que de ella emana, ceñido exclusivamente al saber teórico (fábrica de latinistas y helenistas) y, en un giro muy propio de su estilo, añade que así planteado, el saber universitario de su época resulta ser un "tiempo perdido" ("*un crimen permanente e impune*") porque *la vida es tiempo y perderlo es estar perdiendo la vida.*

¿Tiene alguna relación el desprestigio universitario con "el olvido" que se tiene de la técnica, que es el tema que nos ocupa? Desde el comienzo, Ortega muestra su tesis básica: *la técnica es consubstancial al hombre*; no hay hombre sin técnica. Aunque esta tesis pueda resultar exagerada (esto es, que aunque sin técnica *igualmente* hubiera podido haber existido el hombre), lo que nadie duda es que hoy en día la técnica se ha convertido en algo absolutamente imprescindible para la vida humana: la técnica es una de las máximas dimensiones de nuestra vida, hasta el extremo de ser un ingrediente esencial de nuestro destino personal y colectivo. Así pues, aunque hubiese cabido la posibilidad de la existencia del hombre (el animal humano) plenamente desarrollado, aunque sin técnica, lo cierto es que *históricamente* la técnica es la condición ineludible de nuestras vidas y hoy es impensable vivir sin ella. Lo cual aporta una consecuencia antropológica de primer orden: **el hombre, que comenzó viviendo en la naturaleza, vive ahora en una *sobrenaturaleza*** artificial. La técnica se convierte en una segunda genealogía humana.

Ahora bien, ¿cómo es posible que siendo la técnica tan extraordinariamente importante para el desarrollo humano y para el conocimiento sobre los seres humanos, la universidad, el saber universitario, prácticamente no se ocupe de ella? A lo sumo, afirma, en alguna escuela universitaria se enseña alguna técnica especial, pero nada ni nadie se ocupa de la técnica en tanto que abarca la casi totalidad de la vida humana. Esto es, lo que las escuelas universitarias hacen es enseñar alguna habilidad técnica, pero *no se explica lo que la técnica representa antropológicamente*, ni su relación con otros factores como los de orden sociológico o ético, analizando tanto sus peligros como las posibilidades que ofrece; tampoco se examina su evolución ni sus condiciones; ni siquiera el hecho más evidente y relevante como son los conflictos que produce en las sociedades (causados, paradójicamente, por la superabundancia de su propia eficiencia, en la que el hombre 'se desorienta' perdiendo incluso el sentido de su existencia).

No tener esta visión general sobre el sentido *antropológico* de la técnica impide, por ejemplo, que los economistas puedan mejorar sus previsiones y cálculos para aumentar la calidad de vida, o que los ingenieros, demasiado especializados en sus técnicas particulares, sean incapaces de afrontar y prever los problemas que la técnica plantea hoy en día a la humanidad (sobre todo por la superabundancia que ella misma produce).

Si es posible establecer diferencias entre los saberes científico y técnico[1], resulta que mientras que el "saber científico" es un saber estrictamente teórico, como, por ejemplo, la "física newtoniana", el "saber técnico" resulta ser algo eminentemente práctico, de aplicación inmediata, circunscrito al "ensayo y al error".

Es como si distinguiéramos entre un arquitecto y un maestro de obras; es muy posible que el arquitecto no sepa hacer una "masa de cemento", pero es capaz de hacer los cálculos del edificio más impresionante del mundo; es posible que el maestro de obras no sepa hacer los complejos cálculos del arquitecto, pero sabrá mejor que nadie como utilizar la carretilla, la grúa para subir y bajar los materiales e incluso tendrá conocimientos de instrumentos y materiales de los que el arquitecto ignora completamente su funcionamiento.

Y ahora una reflexión provocadora sobre la ciencia: si resulta que la física (precisamente por ocuparse de las fuerzas naturales) es la *técnica de las técnicas* y el conocimiento ideal para la fabricación de máquinas,

[1] Por lo que respecta a la comparación entre los saberes científico y técnico, es ilustrativa la lección última de *Meditación de la técnica* en la que señala la estrecha vinculación entre ambas, haciéndolas coincidir desde el siglo XVI e, incluso, haciendo depender a la ciencia, en algunos aspectos, de la técnica

también es, aunque parezca chocante, *un saber que apenas tiene que ver con la realidad material*; en realidad, la física –pura expresión de teorías y conceptos *idealizados*– es un "*conocimiento simbólico*", expuesto mediante conceptos (ideas), acerca de las cosas por obra y gracia de un conjunto de abstracciones (normalmente *idealizadas*) y por medio de un sistema de signos o símbolos (preferentemente *matemáticos*, que son el *summun* de la idealización). Ahora bien, si el conocimiento científico lo que pretende es penetrar en "la realidad del mundo", resulta que las proposiciones físicas guardan poca relación directa e inmediata con ella por el simple hecho de que la realidad está hecha de objetos materiales mientras que la física es una "conceptualización abstracta e idealizada" sobre la naturaleza; la física es "teoría" e "imaginación": es un "lenguaje" descriptivo sobre la realidad, pero *no es* la realidad.

El único contacto auténtico entre física y realidad es que la física permite predecir acontecimientos reales (ley de *la causa y el efecto*). Pero desde cualquier otra perspectiva, son dos ámbitos distintos: el fantástico y el real.

El primero es propio de la física; el segundo, de la técnica.

También se puede decir que la física es la organización (teórica) de la realidad; el saber científico no trata directamente con la realidad sino con la (rigurosa) fantasía (imaginación): hay, en la ciencia, un más allá teórico, que es creatividad, fantasía, directamente ligado a la cultura, sin la cual no sería posible la técnica moderna.

Sin embargo, *la técnica es una forma hueca en sí misma* (es "hueca" porque es "genérica"; una "capacidad" inmensa para manipular objetos materiales, transformándolos; es una "habilidad natural humana") que, ciertamente, necesita nutrirse de la raíz imaginativa de la ciencia; la técnica, al contrario que la ciencia, se ocupa directamente de los objetos en la realidad y en su materialidad; conoce de primera mano sus límites, no ideologiza sobre ellos, sino que los manipula y los adapta a las necesidades humanas; la técnica no es un sueño ni una fantasía, sino la *efectiva* consecución de resultados reales (prácticos) en un mundo real: la transformación del mundo puesta al servicio del ser humano.

Es posible que la ciencia sepa que la velocidad de la luz es de 300.000 kms/seg., pero sólo los ingenieros serían capaz de construir algo para alcanzarla.

En la *Meditación de la técnica*, Ortega se decanta por una defensa del "saber técnico" en detrimento del "saber teórico de la ciencia": desde hacer de la técnica una antesala de la ciencia o defender que "humano" y "técnica" son un binomio indisoluble, hasta basar en la metodología de la técnica (el experimento) una parte del "método científico" (conocido también como "método experimental").

Además, para Ortega, el "saber técnico" y el "científico" tienen un mismo protagonista histórico: Leonardo Da Vinci (1452-1519), que fue "hombre de taller" y que pasó parte de su vida inventando artificios. Tras él, Galileo (1564-1642), en quien, de forma más clara todavía, se ve cómo la ciencia física (paradigma del saber científico) aparece *dentro* de la técnica.

Además, y no hay que olvidarlo, señala Ortega, que ni Leonardo ni Galileo, en algún momento de su vida, pertenecieron al mundo universitario, por lo que se puede decir que la ciencia *física moderna* y el *saber técnico* no nacieron en las aulas universitarias, sino en los talleres: en los arsenales de Venecia (donde encontramos, precisamente, máquinas y otros utensilios técnicos).

Hacia el final de libro, cuando menciona a Galileo, Ortega afirma que ciencia y técnica vienen a ser *lo mismo*, aun cuando aquélla nazca dentro de ésta.

2. SENTIDO, LÍMITES, VENTAJAS E INCONVENIENTES DE LA TÉCNICA.

[Las ideas y conceptos expresados en el título de este campo temático se hallan dispersos a lo largo del libro].

Ortega se presenta como un defensor –defensor a ultranza– de la técnica, al afirmar que *"sin técnica no habría hombre"*, lo cual es una muestra indudable del importantísimo papel que le concede, ya que sin "hombre" tampoco habría ser humano; la misión de la técnica no es otra que la de liberar al hombre de sus limitaciones naturales –la naturaleza es contraria a la "humanidad"– para poder ser él mismo, llegar a ser humano, y convertirse en un *proyecto*, con su génesis y su historia; es decir, el hombre, cuando se libera y supera sus limitaciones animales se convierte en "ser humano", lo que significa entregarse a proyectar su vida, organizar un plan de vida; pues resulta que al ser humano la vida –la vida que quiere y no la vida animal que recibe *gratuitamente*– no le es dada ya hecha (como así ocurre con los animales), sino que *es un quehacer* resultado de su voluntad y sus deseos; en ese *quehacer* humano es la técnica quien aporta el máximo, ya que es gracias a esa facultad como el hombre se eleva por encima de la naturaleza animal.

La principal consecuencia de la capacidad técnica del ser humano es la *transformación de la naturaleza*; esa capacidad permite al ser humano hacer lo que no pueden hacer los demás seres vivos: adaptar la naturaleza a sus necesidades, por lo que el ser humano deja de depender de las fuerzas naturales, y frente al resistirse a morir o desaparecer *transforma la naturaleza* para acoplarla a sus necesidades (naturales o no) y a sus deseos.

Este *ponerse por encima de la naturaleza*, además de dotar de sentido a la vida humana y darle ventajas para su bienestar, tiene también sus límites, sus inconvenientes y sus peligros.

Vayamos, pues, por partes:

a) **¿Cuál es el sentido de la técnica?** Es decir, cómo hay que entenderla y valorarla. Para Ortega, el sentido de la técnica es su **capacidad de humanizar al hombre**, que lo presenta a través de los siguientes puntos:

   1) De manera destacada (y del cual se derivan todos los demás) hay que entenderla como la *"liberación" del hombre de su estado natural*: sobrepasar el "estado de naturaleza" y alcanzar la "humanización". La técnica es entendida como una cualidad, propiedad o habilidad congénita del ser humano (por no decir innata), que permite la construcción de un mundo por encima del natural: una vida no anclada en las simples fuerzas naturales.
   El ser humano está por encima de la naturaleza y de sus limitaciones.

   2) La técnica es un esfuerzo que produce el *ahorro de esfuerzos* mayores.

   3) Resulta que de ese ahorro de esfuerzos se produce un *tiempo libre*; tiempo libre que es "ocio"; pero no un ocio inactivo, sino productivo, pensante y creativo. El ser humano se encuentra con un *tiempo libre* para imaginar lo que puede llegar a ser su vida.

   4) La misión de la técnica es producir lo *"superfluo"*, que ciertamente es lo más importante para el ser humano, porque lo que nos resulta "necesario para vivir" sólo nos iguala con los animales. "Superfluo", que hay que entenderlo en el sentido de lo que no existe en la naturaleza; pero es precisamente en eso "superfluo" donde el ser humano se reconoce más y mejor a sí mismo (porque le crea una diferencia con el resto de la vida animada).

   5) Gracias a los logros de la técnica, el ser humano crea una "sobrenaturaleza" artificial en todos los sentidos: crea *instrumentos materiales* (que nos facilitan la vida material) y nos brinda la posibilidad del "ocio" (gracias al ahorro del esfuerzo); *ocio* que permite al ser humano dedicar tiempo al pensamiento y planificar su propia vida y hacerse *protagonista* de su existir (tanto al ser humano particular como a las colectividades humanas).

6) Finalmente, la técnica tiene una doble vertiente: la técnica es un "acto de creación mental" al imaginar algo como "posible" (algo todavía sin ejecutar y meramente concebido), pero también es la "puesta en práctica" (de lo ideado) con el propósito de construir algo nuevo e inexistente en la naturaleza. Lo auténtico del ser humano es la "imaginación" o capacidad técnica (la invención y el desarrollo del plan; recordar aquí el binomio "imaginación e inteligencia, señalado en la lección VIII), que es precisamente el último estadio de la técnica; la puesta en práctica es la simple habilidad de poner en marcha lo pensado mediante elementos materiales.
Por lo tanto, se puede considerar que la técnica es un "**hecho absoluto del universo**"; esto quiere decir que la técnica no es un hecho casual o accidental, ni que esa capacidad le haya sobrevenido al hombre "circunstancialmente", sino que es una facultad congénita en él (especial facultad humana y que no existe en ningún otro ser, al menos conocido, que la tenga); y esa facultad es la capacidad de la transformación absoluta del mundo.
De este modo, a la vez que hemos expuesto el "sentido" de la técnica también hemos señalado sus "ventajas", aunque conviene explicitar una: la técnica consigue hacer la vida más agradable y mejor al ser humano; la técnica está al servicio de una vida mejor.

b) Por lo que respecta a los **límites de la técnica**, Ortega dice muy claro y repetidamente que **la facultad técnica es ilimitada**. Por eso, si se quieren buscar límites a la técnica hay que acudir a otros planteamientos.
   1) El primero de ellos es el histórico: en sus dos primeros estadios, la técnica tenía abundantes limitaciones, sobre todo porque los seres humanos de aquellas épocas no tenían conciencia de su propio poder técnico y creador; es decir, el límite de la técnica eran los propios seres humanos; o mejor su *falta de conciencia* del poder de la técnica.
   2) En segundo lugar, hay ciertos límites físicos a la hora de materializar los planes técnicos ideados (por los materiales utilizados: un ejemplo que está actualmente siendo discutido: ¿se puede sobrepasar la velocidad de la luz? Es posible que algún imaginativo ingeniero así lo pensara para poder conseguir ciertas cosas que ahora ni sospechamos, ¿pero existen ciertamente límites físico-naturales que impiden la realización de ese plan?).
   3) También es posible hablar de "límites morales", pero eso es entrar en una discusión ético-política sobre los "valores" (su relatividad o su inmutabilidad; sobre la idea de sociedad y de bienestar), lo cual no parece ser objetivo del trabajo de Ortega. Sin embargo, la

cuestión quedaría planteada de la siguiente manera: ¿Puede la técnica desarrollar sus planes aun previendo las consecuencias –buenas o malas, que eso son valoraciones– que se puedan derivar de sus actuaciones?

c) Respecto a **los inconvenientes** poco se puede decir al respecto, ya que Ortega es un firme defensor de la técnica y por lo tanto pocos o ninguno ve en ella. Sin embargo, es posible destacar uno que él mismo señala: el de la "sobreabundancia"; la "sobreabundancia" de la técnica es que nos consigue tanto que puede hacer que el ser humano quede impedido a la hora de reconocer sus orígenes (tanto sus propias raíces naturales como los de la técnica) y que por ella el ser humano se quede sin ningún proyecto en la vida o bien que crea que todo ese mundo técnico ha existido desde siempre y piense, como lo hacía el primitivo, que son como cosas naturales o regalo de los dioses. Porque si resulta que la victoria de la vida humana consiste en la superación y esfuerzo sobre sí mismo, gracias precisamente a la técnica, resulta que la sobreabundancia que ella misma produce puede llegar a paralizarnos en la vida: dejar de ser conscientes de los sacrificios y luchas por alcanzar "logros humanos y tecnológicos" al *creer* que ya no se necesita nada más y que todo se nos ha sido otorgado *naturalmente*. La "sobreabundancia" que la técnica produce lleva al ser humano a la "inacción" (no actuar).

3. PERFILES DE LA TÉCNICA: A) ESTAR Y BIENESTAR; B) LA TÉCNICA COMO PRODUCCIÓN DE LO SUPERFLUO; C) LA TÉCNICA COMO AHORRO DEL ESFUERZO.

[Las *lecciones I, II y III* responden a este campo temático].

Si, de acuerdo con Ortega, se distinguen dos tipos de necesidades (las propias animales y las exclusivamente humanas), resulta que la técnica es la liberación del hombre de sus ataduras naturales; la liberación de la animalidad y su transformación en ser humano.

La técnica no es una reacción a las necesidades orgánicas o biológicas, ni queda reducida a facilitar la satisfacción de necesidades de ese género (aunque también lo hace); muy al contrario, la técnica se ocupa de proporcionar al hombre objetos innecesarios (Ortega pone como ejemplo la elaboración de sustancias para conseguir la embriaguez) y superfluos, pero que son los que le ofrecen una "buena vida". Y eso lo ha hecho la humanidad desde el primer momento de su existencia, por la simple razón de que "transformar la naturaleza" es consubstancial al ser humano consciente de sí mismo.

Siguiendo con la idea de necesidad para el hombre: abarca indiferentemente tanto *lo objetivamente necesario* como *lo superfluo* desde el punto de vista de la naturaleza, pero imprescindible para el ser humano porque no se conforma con seguir siendo animal y busca diferenciarse de él mediante lo "superfluo", que por esa razón se convierte en "necesario".

Por eso, si hay que distinguir cuáles de nuestras necesidades son rigurosamente necesarias, ineludibles, y cuáles son superfluas, nos encontramos con que:

1º) ante las necesidades que, *a priori*, parecen más elementales (alimento, calor...), tiene el ser humano una elasticidad increíble (por ejemplo, no sólo por falta de apetito, sino por exigencias de la moda o por gusto, reduce la cantidad de su alimento).

2º) contrariamente, hay cosas superfluas (artificiales) que se convierten en más imperiosas que las estrictamente naturales y que cuando le faltan al ser humano prefiere morir (un ejemplo: ¿Cuántas personas estarían dispuestas a conservar la vida si no existieran las técnicas de cocción, de conservación, de manipulación y de sanidad de los alimentos?); las *necesidades superfluas* se convierten en más importantes que las estrictamente naturales.

De esta doble circunstancia se obtienen otras dos conclusiones esenciales:

a.- Que, efectivamente, el concepto de "necesidad humana" abarca tanto lo objetivamente necesario como lo superfluo, y no hay orden de prioridad vital entre ellos.

b.- El empeño del ser humano por vivir, por *estar* en el mundo, parece inseparable de su empeño por *estar-bien*.

Es decir: *vivir* no significa un simple "estar" (el humano no es un animal sin más; es un "animal especial"), sino "bienestar"; por eso siente como auténticas "necesidades" las condiciones y exigencias humanas del estar en el mundo, porque en éstas se presupone el bienestar. Tanto es así, piensa Ortega, que el ser humano que se convence a fondo que no puede lograr lo que entiende por bienestar o una aproximación él, se suicida... porque no se contenta con el simple estar, que eso sería vivir como los animales.

Y ese "bienestar" es lo que consigue la técnica cuando transforma la naturaleza al convertirla en un lugar agradable, habitable, humanizado; el ser humano transforma la naturaleza para que se acople a sus deseos y gustos; para liberarse de la animalidad.

Por eso mismo, la técnica elabora cosas superfluas desde el punto de vista natural; cosas que no son necesarias en la naturaleza pero que hacen que los seres humanos puedan vivir mejor.

Pero, además, el "buen vivir", o bienestar, es un término enormemente variable, tanto como lo es el repertorio de necesidades humanas. Por eso, si definimos la técnica como el conjunto de actos provocados, suscitados por e inspirados en el sistema de esas necesidades humanas, resulta también que la técnica es una realidad en constante mutación.

Pero además uno de los principales logros de la técnica es *el ahorro del esfuerzo*.

¿Qué significa entender la técnica como ahorro de esfuerzo? Dice Ortega que "actos técnicos" no son aquellos en los que hacemos esfuerzos para satisfacer directamente nuestras necesidades (elementales o superfluas), sino aquellos en que dedicamos el esfuerzo —primero, a inventar y luego a ejecutar un plan de actividad— que nos permita:

1) asegurar la satisfacción de las necesidades elementales.
2) lograr esa satisfacción con el mínimo esfuerzo.
3) crearnos posibilidades completamente nuevas produciendo objetos que no hay en la naturaleza del hombre: navegar, volar, etc.

Las dos primeras consecuencias de los actos técnicos tienen un misma dirección: disminuir —incluso eliminar— el esfuerzo impuesto por la circunstancia natural (por eso, la técnica es el esfuerzo por ahorrar esfuerzo). Pero, ¿no resulta sorprendente que el ser humano se esfuerce precisamente para ahorrarse esfuerzos?

¿A dónde va a parar ese esfuerzo ahorrado? A **inventarse la vida**, para lograr una suficiente "holgura vital" con la que dedicarse a su propia vida como biográfica e individual; esto es, a escribir el argumento en que debe consistir su vida, cada uno la suya. Por eso la técnica no sólo es fundamental en el hombre, sino que le es consubstancial. El hombre, ahorrando esfuerzo gracias a la técnica, puede tornarse novelista de sí mismo: en un "animal fantástico".

4. NATURALEZA Y VIDA: A) VIDA NATURAL, VIDA INVENTADA; B) NATURALEZA, MUNDO, CIRCUNSTANCIA; C) PROYECTO DE VIDA. RACIOVITALISMO, PERSPECTIVISMO.

[El final de la *lección III* y la *lección IV* responden a este campo temático].

El ser humano es un ser extraordinariamente singular dentro de los parámetros de la naturaleza porque sin dejar de ser un animal —biológicamente animal— es un ser que trasciende lo natural (que crea una "sobrenaturaleza" que lo convierte en humano) y es incluso capaz de ir tanto contra de los dictados de la naturaleza como de crear un mundo artificial capaz de destruir a la naturaleza, sin la cual, por otra parte, no podría vivir. Parece paradójico y contradictorio, pero es así. Por eso, ¿cuál es ese "**raro misterio del ser del hombre**"?

Es evidente que el hombre es un ser forzado biológicamente a vivir en la naturaleza, sumergido en ella porque es un animal. Su vida, vista así, es *zoos* (zoológica): vivir, como lo hacen el resto de los seres vivos, satisfaciendo urgencias vitales elementales, que son las que le permiten sostenerse en la naturaleza (como animal).

Pero el ser humano no sólo es eso, sino que tiene múltiples características que le diferencian del resto de los seres vivos —entre ellas y quizá una de las más significativas y aparte del lenguaje articulado— está la de *ser transformador* de naturaleza (que se le presenta inhóspita y adversa) y arreglárselas para reducir al mínimo esa vida (zoológica) elemental y sin posibilidades creativas, precisamente para no tener que hacer *lo que tiene que hacer* el animal (y él mismo en tanto que animal).

Eso lo consigue gracias a la técnica, que es el "esfuerzo por ahorrar esfuerzo", lo cual, con el esfuerzo ahorrado, le permite dedicarse a otros menesteres; así es como el hombre logra una cierta "holgura", una distancia, que esa superación de la vida animal (gracias a la técnica) le deja, para dedicarse a otra serie de quehaceres que no le son impuestos por la naturaleza, sino que él mismo inventa (ahora la vida es entendida como *bios:* biográfica e individual, inventada).

Precisamente a esa vida inventada, inventada como se inventa una novela o una obra de teatro, es a lo que el hombre llama *vida humana*, que es un estadio superior al de la vida animal y al que se le puede calificar de "bienestar".

El hombre, visto así, es un *animal fantástico*, inventor del argumento de su singular vida.

La ***vida humana***, pues, trasciende la realidad natural (va más allá del determinismo natural) y se hace biografía, historia y cultura. Se hace, simplemente *vida humana*.

Por eso se pregunta Ortega: ¿Es la técnica, entonces, el empuje para ahorrar tiempo y esfuerzo y verter sus resultados en el tiempo 'irreal' de la imaginación? ¿Es ese el motivo del empecinamiento del hombre en la constante superación técnica? De lo que no cabe duda es no hay hombre sin técnica, que se convierte así en la gran liberadora del hombre-animal para convertirlo en el hombre-humano.

Naturaleza, mundo y circunstancia.

Los tres términos, aproximadamente, coinciden en el uso que Ortega da de ellos en el contexto de la técnica: la "naturaleza" es el "mundo" natural en el que el hombre se halla instalado (donde vive); y ambos, que son lo mismo, son la "circunstancia" del hombre natural en estado de naturaleza.

Esto, sin embargo, no significa:

1) Que Ortega no emplee en otros momentos de su obra el término "circunstancia" de otra manera. Lo emplea como circunstancia histórica y social y no como circunstancia natural.
2) Que el hombre no sea un "ser natural"; lo es, efectivamente, porque el hombre ha surgido de las fuerzas de la naturaleza; pero el ser humano es un ser especial dentro de esa misma naturaleza, a la que tiene que "humanizar" para hacerla soportable.

Por eso mismo, cuando nos preguntamos por la técnica –a la que se le concede tanta importancia como para llegar a afirmar que *no hay hombre sin técnica*–, lo que estamos diciendo es que existe un ente –el ser humano– que, si quiere existir como humano y no como mero animal, se ve obligado a estar en otra dimensión: en un mundo irreal y fantástico, colocado más allá de la circunstancia natural en la que ha aparecido; un mundo creado por su imaginación, por su fantasía, por sus pensamientos.

El hombre, aunque es biológicamente natural, resulta ser "transnatural" porque trasciende los límites de la naturaleza.

¿Cómo explicar estas circunstancias –natural y "transnatural"–, aparentemente antagónicas? Para ello hay que tener en cuenta lo que dice Ortega sobre las posibles formas de estar del ser humano en el mundo:

1. Puede entenderse que la naturaleza o mundo ofrece al hombre, para su estancia en ella, "puras facilidades". Si así fuera, significaría que el hombre y la naturaleza coinciden y que, por lo tanto, el hombre no es otra cosa que un ser natural (que sólo es un ser natural): un animal. En ese caso, el hombre –como cualquier otro animal– no echaría nada de menos: no tendría necesidades más allá de las biológicas; o las que tuviera habrían de coincidir con las que la naturaleza le da y con las que es capaz de satisfacer por medios naturales. Sus deseos no se diferenciarían de la satisfacción de esos mismos deseos. Un ente así no podría sentir el mundo como algo distinto de él, puesto que no le ofrecería resistencia.
2. Pero también puede entenderse lo contrario: que el mundo no ofreciese al hombre sino "absolutas dificultades"; o, lo que es lo mismo, que el ser del hombre y el del mundo fueran totalmente antagónicos. En ese caso, los trazos de la evolución habrían sido equivocados y, como ha ocurrido con tantas otras especies, el hombre habría desaparecido: el hombre no podría alojarse en el mundo. Perecería, sin más.
3. Sin embargo, existe una tercera posibilidad: el hombre, al tener que *estar* en el mundo, y no ser una vía fallida de la evolución, aunque sí muy peculiar, se encuentra con que éste es una intrincada red de facilidades y de dificultades; dificultades que le impiden vivir como él quiere (porque lo que quiere es vivir bien), pero también le ofrece un

conjunto de oportunidades, que son facilidades, para transformar el entorno natural y adaptarlo a sus exigencias vitales, que no son simplemente animales.

Este existir rodeado tanto de facilidades como de dificultades es el que da su especial carácter a la realidad que llamamos "vida humana".

La escenificación de esta tercera posibilidad, nos muestra un ser humano que tiene una circunstancia (natural) en la que encuentra *facilidades* en que apoyarse –por lo tanto, le resulta posible existir: *cuenta con* ellas–, pero en la que también halla *dificultades*, de modo que su existencia es constantemente estorbada, puesta en peligro. De ahí que la existencia del ser humano, su *estar* en el mundo, no sea pasiva sino que tiene, a la fuerza y constantemente, que luchar contra las dificultades: tiene que *hacerse* en cada momento su propia existencia; por eso dice Ortega que *al hombre le es dada la abstracta posibilidad de existir, pero no le es dada sin más su "realidad humana"*; "realidad humana" que tiene que conquistarla él, minuto tras minuto.

El hombre, afirma, tiene que *ganarse la vida*; y ganársela no sólo económicamente, como sustento orgánico, sino sobre todo *trascendentemente*, como sustento vital que le dé seguridad, orientación y sentido existencial. Es decir, pensando, organizando y previendo, además de decidir sobre todo ello.

Ahora bien, ¿qué tiene que hacer el hombre para ganarse la vida? El ser humano tiene que construir un mundo (no natural) para salvarse en él, para instalarse en él. Por eso dice Ortega que la Metafísica, o el "pensamiento trascendente" es una cosa inevitable; tan inevitable como lo es la técnica que no es otra cosa que la transformación de un mundo adverso y hostil para convertirlo en un lugar de "bienestar".

Todo esto lleva a plantear la idea de **el proyecto de vida**, problema metafísico, que en realidad es antropológico. Un "proyecto de vida" no es más que la consecuencia de la técnica cuando ésta libera al hombre de sus necesidades biológicas y le consigue un tiempo "libre" en el cual puede ponerse a pensar (ensimismarse) lo que quiere ser en el futuro (proyecto de vida).

En conclusión:

1. el mundo es una tupida red de facilidades y de dificultades. El mundo –el acontecimiento primario que es la vida de cada cual (yo, mi vida)– no se compone de cosas u objetos, sino de lo que esas cosas u objetos son *para mí*; por tanto, cosas que se configuran como *posibilidades* (facilidades u obstáculos y resistencias) para mi existencia.

2. el ser humano es un *programa vital* que llevar a cabo, en algo que tiene que llegar a ser; en una aspiración para realizar un determinado proyecto vocacional en una determinada realidad circunstancial. El hombre es una la pretensión o un programa: La vida que el ser humano reconoce como *auténtica* es aquella que consiste en el afán de realizar un determinado proyecto de existencia; programa inventado, imaginado, trazado... El ser humano es un ser que consiste en lo que aún no es, es un *aún-no-ser*, frente al resto del universo, que consiste en ser *lo que ya es*. En este sentido, pues, el hombre no es una cosa sino una pretensión: la pretensión de ser esto o lo otro.

Pero no sólo hay que hablar del individuo (de cada individuo), sino de cada época, de cada pueblo.

Por lo tanto, nuestro existir, tanto individual como social, es hallarnos a nosotros mismos teniendo que realizar la pretensión de lo que queremos ser en una determinada circunstancia (histórica y personal). Es cierto que no se nos permite elegir de antemano el mundo o circunstancia (histórica) en la que tenemos que vivir, sino que nos encontramos, sin muestra anuencia previa, sumergidos en una circunstancia o mundo que es el de aquí y ahora de cada uno de nosotros. Esa es la particular situación de cada uno de nosotros: estar presionados por el mundo o circunstancia y, a su vez, responder a esa presión, facilitándola o dificultándola.

4 núcleo

5. OCIO Y NEGOCIO: LA TÉCNICA Y EL HACERSE A SÍ MISMO Y ESTILOS DE SER HUMANO.

[Las *lecciones V, VI y VII* responden a este campo temático].

Que la singularidad técnica del ser humano le otorga la ventaja del ocio es algo indiscutible; sólo el hombre puede ser "ocioso"; "ocioso" entendido como libre de ocupaciones perentorias, pero "no-ocioso" como un "no tener nada que hacer", que es como habitualmente solemos entenderlo (ver lección V).

El término "ocio" aquí no quiere decir inactividad, sino todo lo contrario: es quedar liberado de ciertas necesidades para estar disponible para otras, como por ejemplo pensar, crear, inventar.

Con el ocio proporcionado por la técnica (gracias al ahorro del esfuerzo y la consecuente aparición de un tiempo libre), el hombre se dedica a pensar; tanto a pensar en nuevos planes de futuro (tener perspectivas) como en pensarse a sí mismo (su proyecto de vida personal y social).

Y ese ocio se consigue gracias al esfuerzo de ocuparse en inventar aparatos técnicos que además de liberarnos de tareas ingratas y lograr que tengamos un "buen vivir", también ofrece tiempo libre y disponible; tiempo libre y disponible para seguir pensando, inventando y maquinando.

Veamos el proceso que sigue Ortega: el ser humano es un ser indigente, inadaptado a su entorno natural, un peregrino del ser; esto es, un ser que consiste en "no-ser-todavía" lo que tiene que ser, un alguien que es *lo que no es aún*; es, por tanto y por lo pronto, un *proyecto de vida* o programa de ser. La misión vital de este ser es, por tanto, afanarse, esforzarse por llegar a ser lo que quiere ser, por realizarse a sí mismo.

¿De dónde obtiene la materia prima para realizarse, para llegar a ser? Precisamente del único elemento real que tiene a su alcance: el mundo o circunstancia, que es precisamente lo que transforma, gracias a la técnica. El mundo es un conjunto de posibilidades adversas y favorables (facilidades y dificultades), que son la condición radical de nuestra vida.

¿Cómo puede el ser humano manejárselas con el mundo para vencer las dificultades y aprovechar las facilidades? Mediante la técnica; por eso dice Ortega que *"la vida aparece constituida como un problema casi ingenieril"*. En esta situación de tener que hacerse la vida, que fabricársela, "prende el hecho de la técnica".

Así pues, queda claro que el hombre, quiera o no, tiene que hacerse a sí mismo, pues la vida le es dada, pero el *vivirla humanamente* está "por hacer". Así, la vida es un problema que el hombre tiene que resolver, aunque cada cual la suya. Resolverse la vida significa proyectársela o, lo que es lo mismo, *autofabricarse*.

El ser humano es el técnico de su propia vida.

En este sentido y contexto, la vida humana es producción y el hombre una especie de técnico que se fabrica a sí mismo (sólo después de esta tarea aparecen otras también específicamente humanas: el pensamiento, la teoría, la ciencia).

Contemplado el hombre desde esta perspectiva, la tesis inicial –puede que desconcertante– con la que Ortega sostenía que *no hay hombre sin técnica,* se hace ahora completamente comprensible (y acertada): es un error sostener –como muchos libros de su tiempo parecen defender– que el ser humano es un animal *casualmente* dotado con talento técnico. La verdad es lo contrario: el hombre tiene una tarea muy distinta de la del animal, una tarea extranatural (hacerse a sí mismo, autoproducirse una sobrenaturaleza), por lo que no puede dedicar sus energías como aquél a satisfacer sus necesidades elementales, sino que tiene que *ahorrarlas* para poder dedicarse con ellas a la faena de realizar su *ser* (indigente) en el mundo. Por eso, la técnica es consubstancial al hombre ya que es condición necesaria para ser humano y poder dedicarse con todas las energías a ser sí mismo.

Hay, sin embargo, un *invento humano* que cae fuera de la técnica (un *invento* que es anterior a ella): el **proyecto de vida**; o como Ortega dice: los "programas de ser", que en esta presentación se convierten en los "estilos del ser humano"[2].

Efectivamente, el programa vital del hombre es una situación pre-técnica puesto que sólo a partir de esa situación (conjunto de valores culturales) es cómo y cuando se desarrolla la correspondiente técnica. Es éste, además, el *invento invariable* en la humanidad ya que no hay pueblo o grupo humano que no haya desarrollado formas culturales y técnicas, que no son otra cosa que el modo que tienen de responder a las dificultades del vivir en la naturaleza; los inventos varían porque dependen de los distintos *estilos de vida* con que el hombre puede desarrollar ese primer impulso.

Ortega aporta claridad sobre la cuestión señalando algunos de los *estilos de ser* hombre o *programas vitales* en los que históricamente el ser humano ha concretado su ser: el "bodhisatva" hindú, el hombre de la Grecia aristocrática (siglo VI), el republicano de Roma y el estoico de la época del Imperio, el asceta medieval, el hidalgo renacentista (siglo XVI), el obrero, el *gentleman*, etc. Cada uno de estos estilos o modos de ser es un estilo o modo de presionar el mundo.

A) El primer modelo que se acomete es el **bodhisatva** (budista; lección VI). Para el bodhisatva existir consiste en fundirse en un Todo y desaparecer en él, lo que significa estar en las antípodas de lo que Ortega entiende por *vida*: el vivir individual y biográfico. Por eso dice que, en realidad, el bodhisatva aspira a no vivir o a vivir lo menos posible: su estilo de vida le lleva a vivir como no viviente, a anular el mundo y la existencia misma.

Bajo esos valores culturales, el budista opta por crear técnicas que tienen como motivo principal las reformas en el cuerpo y la mente del hombre (catalepsia, concentración, etc.) y no en forzar la naturaleza material (que es lo que intenta la técnica occidental). Por eso, mientras que el bodhisatva busca el recogimiento y la meditación y no el beneficio de inventos materiales, el europeo inventa el automóvil.

B) El segundo modelo que se presenta es el del ***gentleman*** (lecciones VI y VII). ¿Qué es un *gentleman*? Es el heredero de la aristocracia inglesa del siglo XVI, muy diferente del resto de aristócratas de otros países (que conforman una clase cerrada y con ocupaciones típicas: guerra, polí-

[2] Es posible que las expresiones "proyecto de vida" o "programas de ser" parezcan como ambiguas y que no se sepa con seguridad si se refiere a cada individuo en particular o a modelos culturales. En realidad tiene las dos vertientes, aunque en las lecciones VI y VII, con los ejemplos que propone, parece presentar al "hombre" más bien como un modelo genérico perteneciente a una determinada cultura; aquí la cultura se relaciona estrechamente con "programa de ser" o "estilo de ser humano".

tica, diplomacia, etc.); el *gentleman* inglés es un tipo de hombre abierto, luchador y moderno. Aparece como tal en el XIX, como prototipo de existencia que vale para todo el mundo: tanto el burgués como el obrero pueden ser *gentleman*. Y lo pueden ser porque este modo de ser hombre no implica aristocraticismo: no heredan grandes medios de vida, sino que tiene que luchar para conquistarlos; es más, es *gentleman* en tanto que luchador en la vida. Por esto, el *gentilhomme* francés o el *Junker* alemán son su opuesto (de la nobleza francesa y alemana, respectivamente).

Ya se habrá entendido que el *gentleman* no es una persona, sino un "sistema de normas vitales", de modo que quien se acoge a este sistema de reglas se torna *gentleman*. Ser *gentleman*, por tanto, más que una condición social, es un **modo de ser** o, si se quiere, un comportamiento: el de quien es capaz de ensimismarse, esto es, el que se toma en serio la vida y se entrega a promocionarla, a potenciar su programa de vida, en cuanto las necesidades básicas las ha cubierto y dispone de un poco de tiempo para ello.

En fin, que la técnica es función del variable programa humano, de los distintos estilos de vida que en cada época y lugar se dan. En lo único que coinciden todos ellos, aun en distinta intensidad, es el carácter extranatural del ser humano: tanto la vida del bodhisatva (estática y meditativa) como la del europeo (dinámica), son modos de vida *extranaturales*. Extranaturalidad que significa la dificultad que todo humano tiene para realizarse en la naturaleza, de modo que cada uno de los estilos de vida suponen y evidencian una contradicción con esa misma naturaleza.

6. LAS COSAS Y SU SER: PRE-COSA, COSA, INSTRUMENTO, ANIMAL, SER HUMANO.

[La *lección VIII* responde a este campo temático]

Ortega se nos presenta aquí en una de sus vertientes más *radicales*: nos propone analizar los "supuestos" de la técnica, esto es, *"lo más esencial en la esencia de la técnica"* (y que, en su opinión, suelen pasar desapercibidos).

Para ello, retoma el clásico hilo conductor metafísico para preguntarse: "¿qué son las cosas?", con el propósito, claro está, de desvelar lo más esencial de "la cosa técnica".

A la pregunta: "¿Qué son las cosas?" –pregunta estrictamente metafísica– Ortega responde: *"una cosa es, ante todo, la serie de condiciones que la hacen posible"*; es decir, el conjunto de sus "ingredientes" o "requisitos". Esas condiciones de posibilidad, o ingredientes de *algo*, son **lo esencial de una cosa**, que en este caso es la pregunta por la técnica, esa cosa sin la cual el hombre no *es*.

Para descubrir qué es una cosa lo que hacemos "des-cubrirla" (desvelarla, quitarle sus velos); o bien, "des-hacerla": dejar de lado tal como se nos aparece en su funcionamiento (su forma) e ir a sus ingredientes, aislándolos y definiéndolos. Al hacer esta operación (enumerar sus ingredientes, sus supuestos, todo lo que ella implica si ha de ser tal cosa), la definición de una cosa se nos convierte en el conjunto de sus ingredientes, que son a los que Ortega llama la "pre-cosa".

Por tanto, la "pre-cosa" es el *ser esencial* de la cosa (sus componentes), lo que permanece oculto (lo que está, pero no se ve) y por tanto lo que hay que buscar (y encontrar) si queremos captar la esencia de algo.

Ser "pre-algo", continúa Ortega, no significa que se vaya a obtener "el algo" (por ejemplo, si el agua es un compuesto de hidrógeno y oxígeno, en determinadas proporciones, no significa que teniendo hidrógeno u oxígeno, uno de sus componentes, por separado, que vayamos a obtener agua); es decir, una cosa es la "pre-cosa" y otra (muy distinta) es la "cosa".

El método que Ortega usa ahora es un *método genealógico* que consiste en buscar el origen vital de algo (de un hecho, de un artefacto, de una persona, etc.). Al buscar la "pre-cosa", lo que pretende Ortega es que ésta nos muestre "la cosa en su *statu nascendi"*, en su nacimiento y origen, precisamente porque *sólo se conoce bien lo que, en uno u otro sentido, se ve nacer*. Este método no acepta nada como ya hecho, sino que todo lo remite a ver cómo se hace algo. Por eso, para saber *qué cosa es la técnica* hay que ir a la *pre-técnica* (es decir, la pre-cosa de la cosa técnica): por tanto, para comprenderla bien no hay que tomarla como el hecho concluido que ya vemos, como lo que nos es dado sin más, como lo que ya está ahí ante nosotros y empezar a definirla, sino que se debe hacer una tarea arqueológica o genealógica, averiguando de dónde viene la técnica, cómo ha nacido y se ha consolidado, qué relación tiene con el hombre y cómo éste la interpreta en su circunstancia vital.

Este método genealógico conduce a Ortega a dos conclusiones:

1) No basta poder hacer algo para que lo hagamos, ni basta que el hombre posea inteligencia técnica para que la técnica exista. *La inteligencia técnica es una capacidad, pero la técnica es el ejercicio efectivo de esa capacidad,* que muy bien podía quedar sin desarrollar.

Por lo tanto, aparece una clara distinción entre "capacidad técnica" del hombre y "ejercicio real" de esa capacidad; o lo que es lo mismo: entre el plan pensado y su efectiva realización.

Es decir, tener una capacidad "pre-técnica" no significa que se alcance la técnica; una cosa es la "pre-técnica y otra muy distinta es llegar a desarrollarla y producir una técnica de aparatos e instrumentos.

Esto nos lleva a la segunda conclusión:

2) Establecer una nueva diferencia entre los animales y los humanos: **la imaginación**. Si hay algo que ciertamente diferencia al ser humano del resto de los seres vivos es una capacidad inventiva e imaginativa; es decir, animal y ser humano no hay que diferenciarlos por su inteligencia, sino por su capacidad imaginativa que es capaz de crear instrumentos y aparatos que no existen naturalmente.

"Sólo es una entidad (el ser humano) *donde la inteligencia funciona al servicio de una imaginación, no técnica* (pre-técnica)*, sino creadora de proyectos vitales, puede constituirse la capacidad técnica."*

Que es como decir que la "pre-técnica" humana es la imaginación.

El ser humano posee la facultad técnica gracias a la imaginación, mientras que el animal no.

Y esa imaginación le sirve al ser humano tanto para inventar aparatos técnicos como para idear e imaginar su proyecto de vida, mientras que el animal sigue aferrado a su mundo biológico, al cual está adaptado.

En fin, la "pre-cosa" de la técnica no es la inteligencia sino la *imaginación creativa* al servicio del proyecto de vida. Por eso, sólo sí tenemos una inteligencia técnica al servicio del proyecto de vida aparecerá la cosa técnica. Por eso, también, nunca en el animal (por más inteligencia que se le conceda) puede darse la técnica, pues lo que acabamos de descubrir es que sólo en un ser donde la inteligencia funciona al servicio de una imaginación creadora, puede constituirse en capacidad técnica.

6 núcleo

7. LOS ESTADIOS DE LA TÉCNICA: TÉCNICA DEL AZAR, TÉCNICA DEL ARTESANO Y TÉCNICA DEL TÉCNICO.

[Las *lecciones IX y X* responden a este campo temático].

A la hora de organizar las etapas de la evolución de la técnica, opina Ortega, hay que rechazar criterios superficiales, como el de la aparición de un gran invento.

Ejemplos de ello son la pólvora, la imprenta, la brújula y el compás, técnicas antiguas que no tuvieron su utilidad hasta mediados del siglo XV, que es cuando se pudo entender su significado y aplicaciones. Cuando aparecieron no había conciencia de su valor y poder y hubo que esperar hasta el siglo XV para "ser entendidos".

A la hora de establecer un criterio para referirse a las etapas de la técnica, Ortega aboga por cambiar el criterio de "los grandes inventos" ("las cosas" inventadas), que es un criterio ontológico, por un criterio antropológico: ***la conciencia del hombre del poder y posibilidades de la técnica*** (que en palabras de Ortega es: *"la idea que el hombre ha ido* *teniendo de su técnica"*). Por eso, no hay que referirse a un descubrimiento particular, sino al grado confianza general de lo que la mente pueda idear y planificar (además de ejecutar).

A partir de este principio se pueden establecer tres estadios en la evolución de la técnica.

1. La técnica del azar.
2. La técnica del artesano.
3. La técnica del ingeniero ("técnico", dice Ortega).

1. La técnica del azar

Corresponde a los pueblos primitivos de todos los tiempos, cuando el ser humano aún no tiene conciencia del poder de la mente para los descubrimientos, que son producto del azar o de la casualidad.

Por ello:

a) los logros técnicos (los aparatos) son muy escasos;
b) además no hay gran diferencia con lo que realiza la naturaleza y son considerados como "casi" naturales;
c) no hay especialistas, aunque sí que se produce una "división social del trabajo" (trabajos de hombres y trabajos de mujeres);
d) no hay conciencia de que se puede "inventar" (es decir, no hay conciencia de un problema, de su planteamiento y de cómo buscar las maneras de solucionarlo); son descubrimientos del azar, de la casualidad;
e) los descubrimientos tienen, por tanto, una consideración mágica. *"El hombre no se sabe inventor de sus propios inventos"*.

2. La técnica del artesano

Corresponde a las culturas históricas desde el V milenio a. C hasta el siglo XVII.

Sus características son:

a) Las técnicas han aumentado enormemente y empiezan a ser importantes, aunque no hasta el extremo de que la pérdida de algún conocimiento técnico signifique un retroceso a un estadio primitivo.
b) Las técnicas se han hecho más complicadas y se precisan "especialistas" ("los artesanos") para llevarlas a cabo (piénsese en un herrero, que tiene un trabajo diferenciado de un "panadero" o de un "carpintero", por ejemplo).
c) Aunque todavía no hay una conciencia clara del poder de la técnica, hay un sentimiento de que se necesitan conocimientos y habilidades especiales para desarrollarla; es decir, "gentes especiales" para llevarlas a cabo, con alguna habilidad no común.

d) Se precisa se una educación en la técnica (los maestros y los aprendices).
e) Lo importante es "hacerlo como se ha hecho toda la vida" (la tradición se impone a la innovación. En esta época un "maestro" guardaba en secreto sus "fórmulas mágicas" para evitar que se le copiara, con lo que contribuía a que no hubiera innovación; piénsese en un "maestro" perfumero o en un fabricante de instrumentos musicales, que guradan celosamente sus "secretos" para seguir manteniendo su clientela).
f) En esta fase, la técnica sólo produce instrumentos para manipular la naturaleza (herramientas y útiles), pero no llega a producir máquinas (que son características del siguiente estadio).
g) Si el proceso de elaboración de una técnica consiste en dos estadios: "pensarla" (el técnico) y "ejecutarla" (el obrero), esa distinción (propia del siguiente estadio en la evolución de la técnica) no ocurre en este estadio: *"el artesano es, a la par e indivisiblemente, el técnico y el obrero"*.

En resumen: el artesano no tiene todavía conciencia (ni tampoco la sociedad) del poder ilimitado de la técnica.

3. La técnica del técnico

Corresponde a los siglos XIX y XX de Europa y América. Es la época fabril, en la cual el ser humano pasa a formar parte de un proceso técnico y productivo superior, del cual es un engranaje y no es el protagonista, como en la época artesanal.

Se caracteriza por lo siguiente:

a) Crecimiento inusitado de actividades técnicas, tanto de planificación como de ejecución, que superan la naturalidad humana.
b) El hombre ya no puede vivir sin la técnica. *"Si ésta retrocediese súbitamente, cientos de de millones de hombres dejarían de existir"*.
c) La humanidad ha creado una tan fabulosa *sobrenaturaleza* artificial que induce a pensar que todos esos instrumentos y aparatos existen en el mundo por sí mismos y desde siempre como dones ofrecidos y no como esfuerzos humanos, que es lo mismo que pensaba el hombre primitivo de lo que la naturaleza le ofrecía.
d) La aparición de la máquina invierte la relación entre el utensilio y el hombre: en épocas anteriores, los utensilios y herramientas servían al hombre, la azada para labrar la tierra; el hacha y la sierra para cortar madera, etc.; ahora es el hombre quien sirve a la máquina: *"Una fábrica es hoy un artefacto independiente al que ayudan en algunos momentos unos pocos hombres, cuyo papel resulta modestísimo"*.

e) Obrero y técnico, como papeles sociales, se separan. Aparece la figura del ingeniero.
f) El técnico sabe y tiene conciencia de que puede inventar cualquier cosa.
g) Se da la distinción entre "técnica" y "tecnicismo":
El "tecnicismo, lo que llamaríamos la "tecnología," es el método intelectual, es decir, el conjunto ordenado de ideas y pensamientos que persiguen un fin y que posibilitan y permiten la producción material de aparatos e instrumentos, esta producción de hecho es la "técnica". El *"tecnicismo",* la "tecnología", es, pues, la existencia de un plan genérico que sirve para transformar la naturaleza, sin que quede vinculado a una necesidad o descubrimiento particular. El "tecnicismo" es la conciencia (el darse cuenta) de que el ser humano tiene una capacidad inventiva y creativa que carece de límites.
El "tecnicismo", en suma, es la capacidad; mientras que la "técnica", los resultados.

8. EL TECNICISMO ANTIGUO Y EL TECNICISMO MODERNO.

[Las *lecciones XI y XII* responden a este campo temático, así como las explicaciones correspondientes en la "Guía de lectura"].

¿Qué hay que entender por "*el tecnicismo de la técnica*"?

Ortega usa el término "tecnicismo" de una manera un tanto singular (quizá hasta provocativa): no le da el sentido que corrientemente damos a esa palabra, como una expresión propia de una especialidad: "enlucir", para la albañilería, "dolo", para la abogacía o "*pass in shock*" en tenis.

Para Ortega "tecnicismo" es **la conciencia del humano de poder alcanzar un logro técnico todavía inexistente**. El tecnicismo, por tanto, es el "*método intelectual que opera en la creación de la técnica*".

Sin embargo, y aunque el tecnicismo es la condición necesaria no resulta ser una condición suficiente, porque si bien no hay técnica sin tecnicismo, tampoco con el solo tecnicismo –la capacidad técnica– podría existir; a la "capacidad técnica", o "tecnicismo", le falta la "puesta en ejecución", más allá del puro pensar.

Para aclarar la importancia del tecnicismo de la técnica procede Ortega a analizar la *evolución del tecnicismo* a lo largo de los tres "estadios de la técnica".

Por poco que contrastemos los dos primeros estadios con el tercero, se nos revela que el tecnicismo moderno (el del tercer estadio, el del ingeniero) es radicalmente distinto al de los dos estadios anteriores. Con la aparición de la máquina sustituyendo al mero instrumento se da –en poco más de dos siglos–, un extraordinario salto cuantitativo y cualitativo en la "idea de técnica" porque, al dejar de depender del "azar" y también haber superado el tímido avance que suponía el "artesanado" (mezcla confusa y poco operativa de obrero y técnico) se logra una *definitiva conciencia técnica*.

El tecnicismo antiguo (los dos primeros estadios de la técnica: los del azar y del artesano) se caracteriza por la ausencia de cualquier método de invención. Efectivamente, el "inventor primitivo" (que nunca se le puede considerar como tal) no tiene previsto método alguno para diseñar mentalmente el fin propuesto, ni sabe qué tiene que hacer para lograrlo, por lo que se dedica al tanteo, a "ir probando" lo que pueda ser congruente al propósito establecido.

La clave para entender este proceder reside en que ese medio es buscado para cada *caso concreto y particular* que se tiene entre manos; esto es, el método, o la combinación de medios y fines, se establece sólo para cada caso particular. Por eso el método para cada problema resulta ser único y basado en el principio de similitud *–similia similibus–*, por lo que no es generalizable, ni aplicable en muchos otros casos.

La consecuencia de esta manera de proceder es que la particularidad con que se emplea *impide que el técnico se dote de reglas generales* y por tanto que el método hallado no pueda ser aplicado a otros casos, con lo que sigue prisionero del azar y del ensayo/error probabilístico.

Por el contrario, el tecnicismo moderno se diferencia absolutamente del que acabamos de analizar y para descubrir sus diferencias hay que destacar que surge precisamente al mismo tiempo que la física moderna, lo cual significa que tienen la misma "matriz histórica".

Ortega señala el siglo XVI como el momento histórico en que se fragua el cambio radical hacia el tecnicismo moderno (y la ciencia moderna). Y ese cambio lo cifra en una *nueva manera de pensar*, que obviamente afecta tanto a la técnica como a la pura teoría (la "física" que explica el mundo). Ahora bien, esta nueva forma de pensar, ¿surge como consecuencia de las nuevas estrategias para resolver problemas prácticos o por la manera de elaborar nuevas ideas?; lo cierto es que ambas ocurren en la encrucijada en que surge el tecnicismo moderno y ambas tienen un mismo protagonista: Leonardo Da Vinci, el "hombre de taller" que dedicó gran parte de su vida a inventar artificios.

Ese es, también, el modo en que Galileo hereda la idea de mecánica y con la que funda dicha ciencia. Le importa mucho a Ortega insistir en que *la ciencia física nace en la técnica*, dentro de ella. Por eso, y no es asunto a despreciar, señala Ortega, al destacar que ni Leonardo ni Galileo pertenecieron al mundo universitario, por lo que se puede afirmar que la física –la nueva física– no surge en realidad de la institución académica, sino a partir de la técnica.

Pues bien, el nuevo tecnicismo va a proceder de la misma manera que procede la nueva ciencia: *analizar*, esto es, descomponer en partes el propósito o el resultado total deseado; *investigar* los resultados parciales de los que ha surgido, o lo que es lo mismo, *genealógicamente* buscar las *causas*. Es decir, el tecnicismo moderno tiene su propio método de operar, diferente a todos los anteriores:

1) ***analizar*** el fenómeno a estudiar y reducirlo a sus propiedades esenciales, operando una abstracción del fenómeno bajo estudio;
2) volver a ***componer*** el fenómeno bajo una hipótesis (un supuesto) de carácter matemático que reúna los elementos a los que el fenómeno fue reducido;
3) finalmente, realizar una ***segunda resolución*** que ponga a prueba la hipótesis anterior mediante la experimentación.

En definitiva, se puede afirmar que gracias a este método "la ciencia física" surge la técnica (o al menos estrechamente vinculada con ella), de modo que hay que aceptar que "física" y "tecnicismo moderno" comparten la misma raíz histórica e ideológica; o lo que es lo mismo: a ambos les une indisolublemente el mismo *modo de pensar*, esto es, la misma actitud intelectual frente a la naturaleza.

Así pues, con las nuevas perspectivas, la técnica moderna –la técnica del técnico– se convierte en algo independiente, autónomo, que está segura de sus propios logros. Y también, deja de ser considerada como algo ligado al azar o lo mágico, al adquirir el mismo seguro camino de la ciencia: el *método científico*.

III.

LECTURA: *MEDITACIÓN DE LA TÉCNICA*

A Introducción

1. El contexto histórico (la circunstancia histórica) de la *Meditación de la técnica* y el deber de estar a *la altura de los tiempos*.

El origen de este libro –sin madurar en forma y estructura (Ortega se vio obligado a publicarlo precipitadamente para evitar que editores chilenos publicaran sin su autorización los artículos que enviaba a la prensa argentina)–, responde a textos periodísticos escritos para *La Nación* y proceden de unas lecciones impartidas en el año 1933 en la Universidad de verano de Santander.

Poco antes, había escrito dos de sus libros más importantes: *¿Qué es filosofía?* (1929) y *La rebelión de las masas* (1930), que son donde y cuando Ortega consolida su reforma radical de la filosofía, iniciando así el periodo maduro de su trayectoria filosófica: el *raciovitalismo*.

También es un momento biográficamente trascendental: en 1929 Ortega dimite de su cátedra universitaria por solidaridad con los estudiantes contra la ley de Reforma Universitaria impuesta por la dictadura de Primo de Rivera. Cuando, en 1930, la recupera, escribe el artículo "Misión de la universidad", en la que exige necesarias reformas académicas y sociales. A la altura de 1932, deja de ser "aristócrata en la plazuela" y se convierte "profesor en la Universidad", lo que significa que ahora las preguntas de sus escritos van encaminadas a indagar sobre el saber radical (la metafísica) y el contenido de la realidad radical (la vida), de modo que la idea principal de sus escritos es que "la vida es el estar yo en la circunstancia".

Es en este contexto vital cuando se pregunta por la técnica, su relación con el hombre y con la crisis europea, y cuando intenta incorporar esta reflexión a la Universidad. Por eso, la *Meditación de la técnica* data de una época en que Ortega está más que nunca a la *altura de su tiempo*, y la valía de este libro es tal que, se puede decir, también está a la altura de nuestros tiempos presentes. El carácter anticipatorio de la *Meditación de la técnica* así lo justifica: defiende tanto a la técnica (los logros materiales alcanzados) como el estudio de la técnica (la tecnología), en un momento en que los intelectuales de la época más bien la desvalorizaban, y la reivindica como la "salvación" del hombre en una Europa en crisis.

Ese estar a *la altura de los tiempos* ya no lo abandonará Ortega.

Fundamental, también, resulta la fecha del 7 de septiembre de 1949, momento en que pronuncia, en la Universidad libre de Berlín, la conferencia titulada *De Europa meditatio quaedam*. Allí, retomando el estilo de las meditaciones, con la razón histórica y vital en acción, se pregunta cómo construir y vivir en Europa. En esta conferencia, Ortega se presenta como alternativa a Heidegger (su adversario): una alternativa anclada en la técnica del humanismo tecnológico.

Si bien en la etapa del *objetivismo* Ortega había sostenido que Europa era el destino y salvación de España, ahora –en 1949– afirma que la recuperación de Europa –una Europa devastada por la guerra– tiene que pasar por relacionar su idea de vida (de fuertes connotaciones mediterráneo-latinas) con la de los grandes ideales de la cultura europea: humanismo, universalismo y cosmopolitismo.

De este modo, el *raciovitalismo* se presenta como la solución o salvación de Europa al afirmar que la técnica es el nuevo elemento configurador de la cultura y de la salvación; esto es, propone, mediante la técnica, la recuperación del sentido vital de una geografía cultural (Europa) y de la humanidad, ambas devastadas por la guerra.

2. El contexto filosófico (la *circunstancia filosófica*): el problema de la técnica en la primera mitad del siglo XX.

El 5 de agosto de 1951, en el Coloquio en Darmstadt sobre "Hombre y espacio", Ortega lee su conferencia "El mito del hombre allende la técnica", en plena confrontación con Heidegger; en esta conferencia –elaborada desde el *raciovitalismo* y basada en sus reflexiones de la *Meditación de la técnica*– se plantea cómo habilitar el espacio de lo humano y cómo reconstruir una Europa física y culturalmente en ruinas.

En el análisis que hace Ortega de la época en que se ubica la *Meditación de la Técnica*, destacan otros tres temas fundamentales: masas, política y arte. En esto, Ortega viene a coincidir con otros pensadores europeos (con Heidegger en *El origen de la obra de arte* (1935) y con Benjamin en *La obra de arte en la época de la reproductibilidad*, (1936)). La cuestión de fondo de las tres obras es el destino de los pueblos en un tiempo de *masificación*, es decir, de una vida inauténtica (Ortega) o de existencia inauténtica (Heidegger).

La reflexión y la alternativa que ofrecen los pensadores europeos –Heidegger y Benjamin incluidos– a la situación que se vive en Europa en los años 30 es pesimista y, a excepción de Ortega, la mayoría son contrarios a la técnica.

Para Heidegger, la solución de la crisis europea pasa por retornar al sentido de la técnica en sus orígenes no técnicos, esto es, a la *téchne* griega, que germina del arte. Ortega responde que este modo de entender la técnica es inconsistente y cierra las verdaderas posibilidades de llevar al hombre a la plenitud de su "naturaleza" humana (no se puede regresar a lo que en la *Meditación de la técnica* llama Ortega la "técnica del azar").

Por su parte, para Benjamin, la técnica hace que el arte pierda el *glamour* del que disfruta por su exclusividad, ya que los medios técnicos facilitan su reproducción mecánica, inespiritual, lo cual traiciona el concepto romántico de arte; de este modo, la masa –la masificación– intenta duplicar y reproducir lo irrepetible; ésa, dirá Benjamin, es la marca de la crisis europea y el aporte negativo de la técnica.

Sin embargo, para Ortega, lo que la técnica facilita es la libertad, el tiempo libre, el *ocio*, que es la creatividad; y como la alternativa ofrece una interpretación basada en la relación equilibrada entre el hombre masificado y los valores de la técnica: la articulación de ambas permite construir una salida de nuestra modernidad.

B *Meditación de la técnica*

"INTRODUCCIÓN" al curso *¿Qué es la técnica?*[3]

Señores:

Sin la técnica el hombre no existiría ni habría existido nunca. Así, ni más ni menos. El porqué de esto va a constituir el tema de las seis lecciones durante las cuales vamos a vivir trabados ustedes conmigo, yo con ustedes. Porque una lección es eso: encontrarse de pronto unos hombres con otro y trabarse con él, chocar con efectos positivos o negativos, pero siempre graves. Una lección es una peripecia de fuerte dramatismo para el que la da y para los que la reciben. Cuando no es esto no es una lección sino otra cosa —tal vez, un crimen— porque es una hora perdida y la vida es tiempo limitado y perder un trozo de él es matar vida, practicar asesinato blanco.

Como en la Universidad actual —y conste que no me refiero sólo a la española— las lecciones no suelen ser eso que he llamado peripecia, quiere decirse que la Universidad es un lugar de crimen permanente e impune. Hace pocos años todavía insinuar esto era completamente inútil. No se encontraban oídos prestos a escuchar pareja advertencia. Hoy las cosas han cambiado. La desazón, la desmoralización reinante en todo el mundo y la fulminante pérdida de prestigio por parte de las Universidades son dos hechos tan patentes y crudos que abren camino a la sospecha de si no estarán en cierta relación el uno con el otro, es decir, de si los defectos sustantivos de la institución universitaria no serán una de las causas que han producido el terrible desconcierto de la vida europea.

No es éste, claro está, el asunto de que voy a hablar pero se interpone desde luego en mi camino. Supongamos que la afirmación con que he comenzado no fuera cierta en su extremo sentido, supongamos que la técnica no fuese consubstancial al hombre sino un añadido que sobre su existencia elemental y primaria ha sobrevenido, o dicho de otro modo: supongamos que el hombre haya podido existir sin técnica. Lo que nadie puede dudar es que desde hace mucho tiempo la técnica se ha insertado entre las condiciones ineludibles de la vida humana de suerte tal que el hombre actual no podría, aunque quisiera, existir sin

[3] [*Obras completas*. Madrid. Fundación José Ortega y Gasset/Taurus 2004-2010. Tomo IX, pp. 27-31].

Esta "Introducción" no fue publicada conjuntamente con la obra Meditación de la técnica cuando fue impresa como libro en el año 1939, aunque sí fue escrita para un curso que se impartió en el año 1933 en la Universidad de Verano de Santander.

ella. Es, pues, hoy una de las máximas dimensiones de nuestra vida, uno de los mayores ingredientes que integran nuestro destino. Hoy el hombre no vive ya en la naturaleza sino que está alojado en la sobrenaturaleza que ha creado, en un nuevo día del génesis, la técnica. Pues bien, dígaseme en qué grado de la enseñanza se pone el hombre medio en contemplación ante el enorme hecho de la técnica, dentro del cual va sumergida su existencia. En las escuelas especiales, al menos, se enseña a algunos hombres una técnica especial. Pero ni aun en ellas se enseña lo que la técnica representa en la vida humana, su trabazón entre otros factores de ella, su génesis, su evolución, sus condiciones, sus posibilidades y sus peligros. En cuanto a las Universidades ni siquiera se habla de la técnica —es más, se hizo constitutivo de la Universidad el ser la institución docente que excluye de sí la técnica, dejándola centrifugada y como relegada a aquellas escuelas especiales. Parece implicar esto la convicción de que la técnica afecta a servicios particulares y secundarios de la vida en que, ciertamente por fuerza, tienen que ocuparse algunos hombres pero que no atañen al hombre como tal.

Los conflictos que hoy la técnica produce en las sociedades humanas, nacidos paradójicamente de la superabundancia de su propia eficiencia, van haciendo caer en la cuenta a los más ciegos de la morbosa lejanía a que la Universidad ha quedado del destino humano, es decir, de la vida real.

Quiero hacer constar un hecho estupefaciente y cuya efectividad no podéis negar: ante los más agudos problemas que con trágica intensidad angustian al hombre civilizado el individuo educado por la Universidad se queda paralítico porque no tiene conocimiento alguno de sus factores. Los que más próximos podían considerarse de las materias en que aquellos problemas consisten —los economistas— han dado el ejemplo del más completo fracaso. Los conflictos los han cogido de sorpresa, entre otras razones, porque no tenían contacto verdadero con la técnica y no incluían en sus previsiones y cálculos los resultados económicos de ésta, no hablemos de sus resultados sociales.

Viceversa, los ingenieros, sumergidos cada cual en su tecnicismo especial, sin la educación panorámica y sintética que sólo la Universidad puede dar, eran incapaces de afrontar ni prever el problema que la técnica plantea hoy a la humanidad.

En suma, la separación radical entre la Universidad y la ingeniería es una de las grandes calamidades que ha acarreado la increíble torpeza que el hombre de hoy está revelando en el tratamiento de sus grandes angustias presentes. Esa separación es funesta, por razones diversas pero complementarias, para la Universidad y para la ingeniería.

No se diga que la falta de contacto con la técnica por parte de la Universidad existió siempre y que, sin embargo, tuvo sus horas de plena eficacia histórica. Reconozco sin escatimaciones esto último pero niego que haya paridad entre la situación del hombre entonces y ahora con respecto a la técnica.

Mi afirmación es que su falta de contacto con la técnica imprime a la Universidad un carácter abstracto, espectral, sin embrague posible con la vida real. En este orden, nuestra situación es superlativamente peor que la del universitario medieval, por ejemplo. La razón es clara. La porción de técnica que intervenía en la existencia humana hace seis siglos era superlativamente menor que la de hoy. Entonces todavía las actividades no técnicas del hombre contaban mucho más que las técnicas. Una de las muchas condescendencias de ello era que todo hombre tenía que ejercitar por sí en la vida muchos más actos técnicos que hoy. Hoy, precisamente, el progreso de la técnica permite que nos sean dadas hechas innumerables cosas que antes cada cual tenía que hacerse o, por lo menos, intervenir en su factura. Hoy nos es dado hecho hasta subir la escalera, por medio del ascensor.

De modo que la Universidad medieval —que entre paréntesis, no pretendía ser lo que la actual— no necesitaba ocuparse de la técnica: 1.°, porque el estrato de ésta incorporado a la vida humana no tenía espesor suficiente para convertirse, a su vez, en un problema cuyo tratamiento exigiese una técnica especial y consecuentemente una especial pedagogía y 2.°, porque de hecho la vida extrauniversitaria ponía suficientemente en contacto con la técnica sencilla, transparente del tiempo. El señor feudal, por ejemplo, veía herrar sus caballos, labrar sus tierras, moler el molino banal y moler sus batanes. Hoy no sólo no se suele ver funcionar las técnicas correspondientes, sino que la mayor parte de ellas son invisibles, quiero decir que su espectáculo no descubre su realidad, no la hace inteligible. Ver una fábrica podrá dejar una impresión estética, emotiva pero no enseña congruentemente lo que es la técnica de esa fábrica, como ver un automóvil no descubre el complicado plan de su maquinaria.

Esto trae consigo que contra lo que al pronto pueda parecer, la colocación del hombre actual ante su propia vida es más irreal, más inconsciente que la del hombre medieval ya que tiene menos noción que aquél de las condiciones bajo las cuales vive. Así, por ejemplo, los socios de una Casa del Pueblo tienen hoy mucho menos conocimiento de las condiciones de que depende su trabajo que el artesano medieval. De donde resulta que al hombre medio se le ha hecho hoy su propia vida menos transparente que lo que la suya era al hombre en otros tiempos. La técnica cuya misión es resolverle al hombre problemas se le ha convertido de pronto en un nuevo y gigantesco problema.

Desde fines del siglo XIX pudo preverse que esto iba a acontecer. Y, en efecto, no pocas gentes quisieron reformar la educación y especialmente la Universidad ajustándola a esos nuevos problemas de la vida humana. Pero no se les hizo caso y la reforma no se hizo a tiempo. La Universidad siguió anquilosada en su tradición, creyendo que su misión central era hacer latinistas o helenistas.

Es penoso observar a lo largo de la historia la incapacidad de las sociedades humanas para reformarse. Triunfa en ellas o la terquedad conservadora o la irresponsabilidad y ligereza revolucionarias. Muy pocas veces se impone el sentido de la reforma a punto que corrige la tradición sin desarticularla, poniendo al día los instrumentos y las instituciones. Los que se hubieran hecho la ilusión de que la Europa de nuestro tiempo había llegado a una altitud de visión que la permitiría eliminar los errores elementales del pasado han tenido que perderla a estas horas.

Pero perder la ilusión no es perder la esperanza. La Europa de hoy –oigan bien los jóvenes esta esencial perogrullada– no es más que la Europa de hoy: no está dicho que sea la de mañana. y muchas veces se ha visto que la postura adoptada en un hoy por el hombre, con el más aparente ardor, se reveló luego como un nuevo rodeo necesario para poder llegar a otra postura muy distinta pero ya sustantiva en el mañana. La historia humana, vista en su auténtica intimidad es una serie de experiencias encadenadas, una dialéctica de experiencias. Así en política se vive durante un período la experiencia de cierto tipo de Estado. Esto implica que, por lo pronto, parece definitivo ese tipo de Estado. Por eso se embarca en él y a fondo la sociedad. Ese embarque de nuestra vida individual o colectiva en un cierto molde es precisamente la experiencia histórica. Sólo embarcados a fondo en él podemos llegar a descubrir sus limitaciones y sus inconvenientes. y este descubrimiento es la nueva experiencia, dialécticamente encadenada con la anterior: es la experiencia que lleva al desembarque. El navío usado ya se abandona y queda franco el hombre para entusiasmarse con otro molde que se presenta sin los inconvenientes de aquél. Esta serie de moldes vitales en que vierte el hombre el metal fundido de su existencia forma, como he dicho, una cadena necesaria de experiencias, no se puede saltar ninguno de sus eslabones. Una experiencia no hecha se venga siempre, queda sin digerir y en la hora más inoportuna reclama sus derechos. Por eso, es imposible sumarizar el proceso de la vida histórica, pretendiendo suprimir algunos de sus estadios. Ahora bien, esto no quiere decir —y es a lo que iba— que porque sea necesaria la cadena entera de las experiencias tienen todas éstas el mismo valor y, hasta puede agregarse, la misma realidad. Esto significaría que todas las épocas históricas son excelentes. No: hay experiencias frívolas, insustanciales pero que, no obstante, necesitan ser hechas precisamente para que quede demostrada su insustancialidad. Así hay tipos de Estado en que la humanidad ha vivido durante muchas generaciones y en cambio, otros que han durado sólo una generación y a veces menos. A posibilidades de esta índole me refería cuando hace un momento dije que la Europa de hoy no es más que la de hoy y no está dicho que sea la de mañana. Quede, pues, en pie e intacta la esperanza. Una esperanza actuosa, que empiece desde luego a preparar la mañanada. Por lo pronto, en lo que más cerca está de nosotros, la Universidad. Hagamos ensayos de nueva Universidad. Palpando aquí y allá, tratemos de encontrar modos más eficaces de institución docente superior.

Esta Universidad estival puede ser laboratorio oportunísimo para algunos de esos ensayos —se entiende, si hay constancia en la atención que año tras año se preste a este organismo. Sería demasiada majadería que se nos exigiese desde este primer año haber acertado en toda línea de sus propósitos ya es algo, para constreñirme a mi asunto, que por vez primera se haya puesto en contacto dentro de ella la cultura universitaria con la ingeniería, es decir, con la técnica por antonomasia.

Las razones más hondas y firmes que abonan la conveniencia de ello irán apareciendo a lo largo de este breve curso y constituirán en cierto modo el contrapunto pedagógico y aun político que va a acompañar a la melodía de cuestiones sonante bajo el título: ¿Qué es la técnica?

MEDITACIÓN DE LA TÉCNICA[4]

I
PRIMERA ESCARAMUZA CON EL TEMA

Uno de los temas que en los próximos años se va a debatir con mayor brío es el del sentido, ventajas, daños y límites de la técnica. Siempre he considerado que la misión del escritor es prever con holgada anticipación lo que va a ser problema, años más tarde, para sus lectores y proporcionarles a tiempo, es decir, antes de que el debate surja, ideas claras sobre la cuestión, de modo que entren en el fragor de la contienda con el ánimo sereno de quien, en principio, ya la tiene resuelta. *On ne doit écrire que pour faire connaître la vérité* —decía Malebranche volviendo la espalda a la literatura. Hace mucho tiempo, dándose o no cuenta de ello, el hombre occidental no espera nada de la literatura y vuelve a sentir hambre y sed de ideas claras y distintas sobre las cosas importantes.

Así ahora me atrevo a remitir a *La Nación* las notas, nada literarias, de un curso universitario dado hace dos años, en que se intentaba contestar a esta pregunta: ¿Qué es la técnica?

Intentemos un primer ataque, aun tosco y desde lejos, a esa interrogación.

Acontece que cuando llega el invierno, el hombre siente frío. Este «sentir frío el hombre» es un fenómeno en que aparecen unidas dos cosas muy distintas. Una, el hecho de que el hombre encuentre en torno a sí esa realidad llamada frío. Otra, que esa realidad le ofende, que se presenta ante él con un carácter negativo. ¿Qué quiere decir aquí negativo? Algo muy claro.Tomemos el caso extremo. El frío es tal que el hombre se siente morir, esto es, siente que el frío le mata, le aniquila, le niega. Ahora bien; el hombre no quiere morir, al contrario, normalmente anhela pervivir. Estamos tan habituados a experimentar en los demás y en nosotros este deseo de vivir, de afirmarnos frente a toda circunstancia negativa, que nos cuesta un poco caer en la cuenta de lo extraño que es, y nos parece absurda o tal vez ingenua la pregunta: ¿Por qué el hombre prefiere vivir a dejar de ser? Y, sin embargo, se trata de una de las preguntas más justificadas y discretas que podamos hacernos. Suele salírsele al paso hablando del instinto de conservación. Pero acaece: 1.°, que la idea de instinto es en sí misma muy oscura y nada esclarecedora; 2.°, que aunque fuese clara la idea, es cosa notoria que en el hombre los instintos están casi borrados, porque el hombre no vive, en definitiva, de

[4] [*Obras completas*. Madrid. Fundación José Ortega y Gasset/Taurus 2004-2010. Tomo V, pp. 551-605].

sus instintos, sino que se gobierna mediante otras facultades como la reflexión y la voluntad, que reobran sobre los instintos. La prueba de ello es que algunos hombres prefieren morir a vivir y, por los motivos que sean, anulan en sí ese supuesto instinto de conservación.

Es, pues, fallida la explicación por el instinto. Con él o sin él desembocamos siempre en que el hombre pervive porque quiere y esto es lo que despertaba en nosotros una curiosidad acaso impertinente. ¿Por qué normalmente quiere el hombre vivir? ¿Por qué no le es indiferente desaparecer? ¿Qué empeño tiene en *estar* en el mundo?

Nosotros vamos ahora a soslayar la respuesta. Nos basta, al menos por hoy, con partir del hecho bruto: que el hombre quiere vivir y, *porque* quiere vivir, cuando el frío amenaza con destruirle, el hombre siente la necesidad de evitar el frío y proporcionarse calor. El rayo de la tormenta invernal incendia una punta del bosque: el hombre entonces se acerca al fuego benéfico que el azar le ha proporcionado para calentarse. Calentarse es un acto por el cual el hombre subviene a su necesidad de evitar el frío, aprovechando sin más el fuego que encuentra ante sí. Digo esto con el azoramiento con que se dice siempre una perogrullada. Sin embargo, nos conviene —ya lo verán ustedes— esta humildad inicial que nos empareja con Perogrullo. Ahora no vaya a resultar que encima de decir perogrulladas las digamos sin entenderlas. Eso sería el colmo, un colmo que con gran frecuencia practicamos. Conste, pues, que calentarse es la operación con la cual procuramos recibir sobre nosotros un calor que está ya ahí, que encontramos —y que esa operación se reduce a ejercitar una actividad con que el hombre se encuentra dotado desde luego: la de poder caminar y así acercarse al foco caliente. Otras veces el calor no proviene de un incendio, sino que el hombre, transido de frío, se guarece en una caverna que encuentra en su paisaje.

Otra necesidad del hombre es alimentarse, y alimentarse es coger el fruto del árbol y comérselo, o bien la raíz masticable, o bien el animal que cae bajo la mano. Otra necesidad es beber, etcétera.

Ahora bien; la satisfacción de estas necesidades suele imponer otra necesidad: la de desplazarse, caminar, esto es, suprimir las distancias, y como a veces importa que esta supresión se haga en muy poco tiempo, necesita el hombre suprimir tiempo, acortarlo, ganarlo. Lo inverso acontece cuando un enemigo —la fiera u otro hombre— pone en peligro su vida. Necesita huir, es decir, lograr en el menor tiempo la mayor distancia. Siguiendo por este modo llegaríamos, con un poco de paciencia, a definir un sistema de necesidades con que el hombre se encuentra. Calentarse, alimentarse, caminar, etcétera, son un repertorio de actividades que el hombre posee, desde luego, con que se encuentra lo mismo que se encuentra con las necesidades a que ellas subvienen.

Con ser todo esto tan obvio que —repito— da un poco de vergüenza enunciarlo, conviene reparar en el significado que aquí tiene el término necesidad. ¿Qué quiere decir que el calentarse, alimentarse, caminar, son necesidades del hombre? Sin duda que son ellas condiciones naturalmente necesarias para vivir. El hombre reconoce esta necesidad material u objetiva y porque la reconoce la siente *subjetivamente* como necesidad. Pero nótese que esta su necesidad es puramente condicional. La piedra suelta en el aire cae necesariamente, con necesidad categórica o incondicional. Pero el hombre puede muy bien no alimentarse, como ahora el mahatma Gandhi. No es pues, el alimentarse necesario por sí, es necesario *para* vivir. Tendrá, pues, tanto de necesidad cuanto sea necesario vivir si se ha de vivir. Este vivir es, pues, la necesidad originaria de que todas las demás son meras consecuencias. Ahora bien: ya hemos indicado que el hombre vive porque quiere. La necesidad de vivir no le es impuesta a la fuerza, como le es impuesto a la materia no poder aniquilarse. La vida —necesidad de las necesidades— es necesaria sólo en un sentido subjetivo; simplemente porque el hombre decide autocráticamente vivir. Es la necesidad creada por un acto de voluntad, acto cuyo sentido y origen seguiremos soslayando y de que partimos como de un hecho bruto. Sea por lo que sea, acontece que el hombre suele tener un gran empeño en pervivir, en *estar* en el mundo, a pesar de ser el único ente conocido que tiene la facultad —ontológica o metafísicamente tan extraña, tan paradójica, tan azorante— de poder aniquilarse y dejar de estar ahí, en el mundo.

Y por lo visto ese empeño es tan grande, que cuando el hombre no puede satisfacer las necesidades inherentes a su vida, porque la naturaleza en torno no le presta los medios inexcusables, el hombre no se resigna. Si, por falta de incendio o de caverna, no puede ejercitar la actividad o hacer de calentarse, o por falta de frutos, raíces, animales, la de alimentarse, el hombre pone en movimiento una segunda línea de actividades: hace fuego, hace un edificio, hace agricultura o cacería. Es el caso que aquel repertorio de necesidades y el de actividades que las satisfacen directamente aprovechando los medios que están ya ahí cuando están, son comunes al hombre y al animal. Lo único de que no podemos estar seguros es de si el animal tiene el mismo empeño que el hombre en vivir. Se dirá que es imprudente y hasta injusta esta duda. ¿Por qué el animal ha de tener menos apego a la vida que el hombre? Lo que pasa es que no tiene las dotes intelectuales del hombre para defender su vida. Todo esto es probablemente muy discreto, pero una consideración un poco cautelosa, que se atiene a los hechos, se encuentra irrefragablemente con que el animal, cuando no puede ejercer la actividad de su repertorio elemental para satisfacer una necesidad

—por ejemplo, cuando no hay fuego ni caverna—, no hace nada más y se deja morir. El hombre, en cambio, dispara un nuevo tipo de hacer que consiste en producir lo que no estaba ahí en la naturaleza, sea que en absoluto no esté, sea que no está cuando hace falta. Naturaleza no significa aquí sino lo que rodea al hombre, la circunstancia. Así hace fuego cuando no hay fuego, hace una caverna, es decir, un edificio, cuando no existe en el paisaje, monta un caballo o fabrica un automóvil para suprimir espacio y tiempo. Ahora bien; nótese que hacer fuego es un hacer muy distinto de calentarse, que cultivar un campo es un hacer muy distinto de alimentarse, y que hacer un automóvil no es correr. Ahora empieza a verse por qué antes tuvimos que insistir en la perogrullesca definición de calentarse, alimentarse y desplazarse.

Calefacción, agricultura y fabricación de carros o automóviles no son, pues, actos en que satisfacemos nuestras necesidades, sino que, por el pronto, implican lo contrario: una suspensión de aquel repertorio primitivo de haceres en que directamente procuramos satisfacerlas. En definitiva, a esta satisfacción y no a otra cosa va este segundo repertorio, pero —¡ahí está!— supone él una capacidad que es precisamente lo que falta al animal. No es tanto inteligencia lo que le falta —sobre esto ya hablaremos algo, si hay tiempo— como el ser capaz de desprenderse transitoriamente de esas urgencias vitales, despegarse de ellas y quedar franco para ocuparse en actividades que, por sí, no son satisfacción de necesidades. El animal, por el contrario, está siempre e indefectiblemente prendido a ellas. Su existencia no es más que el sistema de esas necesidades elementales que llamamos orgánicas o biológicas y el sistema de actos que las satisfacen. El ser del animal coincide con ese doble sistema o, dicho en otro giro, el animal no es más que eso. Vida, en el sentido biológico u orgánico de la palabra, es eso. Y yo pregunto: ¿tiene sentido, refiriéndose a un ser tal, hablar de necesidades? Porque recuerden ustedes que referido este concepto de necesidad al hombre, consistía en las condiciones *sine quibus non* con que el hombre se encuentra *para* vivir. Ellas, pues, no son su vida o, dicho al revés, su vida no coincide, por lo menos totalmente, con el perfil de sus necesidades orgánicas. Si coincidiera, como acontece en el animal, si su ser consistiese estrictamente y sólo en comer, beber, calentarse, etcétera, no las sentiría como necesidades, esto es, como imposiciones que desde fuera llegan a su auténtico ser, con que éste no tiene más remedio que contar, pero que no lo constituyen. Carece, pues, de buen sentido suponer que el animal tiene necesidades en el sentido subjetivo que a este término corresponde referido al hombre. El animal siente hambre, pero como no tiene otra cosa que hacer sino sentir hambre y tratar de comer, no puede sentir todo esto como una necesidad, como algo con que hay que contar, que no hay más remedio que hacer y que le viene impuesto. En cambio, si el hombre consiguiera no tener esas necesidades y consecuentemente no tener que ocuparse en satisfacerlas, aún le quedaría mucho que hacer, mucho ámbito de vida, precisamente los quehaceres y la vida que él considera como lo más suyo. Precisamente porque no siente el calentarse y el comer como lo suyo, como aquello en que su verdadera vida consiste y de otro lado no tiene más remedio que aceptarlo, es por lo que se le presenta con el carácter específico de necesidad, de ineludibilidad. Lo cual inesperadamente nos descubre la constitución extrañísima del hombre; mientras todos los demás seres coinciden con sus condiciones objetivas —con la naturaleza o circunstancia—, el hombre no coincide con ésta sino que es algo ajeno y distinto de su circunstancia; pero no teniendo más remedio si quiere ser y estar en ella tener que aceptar las condiciones que ésta le impone. De aquí que se le presenten con un aspecto negativo, forzado y penoso.

Por otra parte, esto aclara un poco que el hombre pueda desentenderse provisionalmente de esas necesidades, las suspenda o contenga y distanciado de ellas pueda vacar a otras ocupaciones que no son su inmediata satisfacción.

El animal no puede retirarse de su repertorio de actos naturales, de la naturaleza, porque no es sino ella y no tendría al distanciarse de ella dónde meterse. Pero el hombre, por lo visto, no es su circunstancia, sino que está sólo sumergido en ella y puede en algunos momentos salirse de ella, y meterse en sí, recogerse, ensimismarse y solo consigo ocuparse en cosas que no son directa e inmediatamente atender a los imperativos o necesidades de su circunstancia. En estos momentos extra o sobrenaturales de ensimismamiento y retracción en sí, inventa y ejecuta ese segundo repertorio de actos: hace fuego, hace una casa, cultiva el campo y arma el automóvil.

Notemos que todos estos actos tienen una estructura común. Todos ellos presuponen y llevan en sí la invención de un procedimiento que nos permite, dentro de ciertos límites, obtener con seguridad, a nuestro antojo y conveniencia, lo que no hay en la naturaleza, pero que necesitamos. No importa, pues, que en la circunstancia, aquí y ahora, no haya fuego. Lo hacemos, es decir, ejecutamos aquí y ahora un cierto esquema de actos que previamente habíamos inventado de una vez para siempre. Este procedimiento consiste a menudo en la creación de un objeto cuyo simple funcionamiento nos proporciona eso que habíamos menester, el instrumento o aparato. Tales son los dos palitos y la yesca con que el hombre primitivo hace fuego o la casa que levanta y le separa del extremo frío ambiente.

De donde resulta que estos actos modifican o reforman la circunstancia o naturaleza, logrando que en ella haya lo que no hay —sea que no lo hay aquí y ahora cuando se necesita, sea que en absoluto no lo hay. Pues bien; éstos son los actos técnicos, específicos del hombre. El conjunto de ellos es la técnica, que podemos, desde luego, definir, como la reforma que el hombre impone a la naturaleza en vista de la satisfacción de sus necesidades. Éstas, hemos visto, eran imposiciones de la naturaleza al hombre. El hombre responde imponiendo a su vez un cambio a la naturaleza. Es, pues, la técnica, la reacción enérgica contra la naturaleza o circunstancia que lleva a crear entre ésta y el hombre una nueva naturaleza puesta sobre aquélla, una sobrenaturaleza. Conste, pues: la técnica no es lo que el hombre hace para satisfacer sus necesidades. Esta expresión es equívoca y valdría también para el repertorio biológico de los actos animales. La técnica es la reforma de la naturaleza, de esa naturaleza que nos hace necesitados y menesterosos, reforma en sentido tal que las necesidades quedan a ser posible anuladas por dejar de ser problema su satisfacción. Si siempre que sentimos frío la naturaleza automáticamente pusiese a nuestra vera fuego, es evidente que no *sentiríamos* la necesidad de calentarnos, como normalmente no sentimos la necesidad de respirar, sino que simplemente respiramos sin sernos ello problema alguno. Pues eso hace la técnica, precisamente eso: ponernos el calor junto a la sensación de frío y anular prácticamente ésta en cuanto necesidad, menesterosidad, negación, problema y angustia.

Quede aquí esta primera y tosca aproximación a la pregunta: ¿Qué es la técnica? Pero ahora, una vez lograda esa aproximación, es cuando empiezan a complicarse las cosas y a ponerse un tanto divertidas, como veremos en las lecciones próximas.

II

EL ESTAR Y EL BIENESTAR.— LA «NECESIDAD» DE LA EMBRIAGUEZ.— LO SUPERFLUO COMO NECESARIO. — RELATIVIDAD DE LA TÉCNICA

Enhebremos con la lección anterior.

Actos técnicos —decíamos— no son aquéllos en que el hombre procura satisfacer directamente las necesidades que la circunstancia o naturaleza le hace sentir, sino precisamente aquéllos que llevan a reformar esa circunstancia eliminando en lo posible de ella esas necesidades, suprimiendo o menguando el azar y el esfuerzo que exige satisfacerlas. Mientras el animal, por ser atécnico, tiene que arreglárselas con lo que encuentra dado ahí y fastidiarse o morir cuando no encuentra lo que necesita, el hombre, merced a su don técnico, hace que se encuentre siempre en su derredor lo que ha menester —crea, pues, una circunstancia nueva más favorable, segrega, por decirlo así, una sobrenaturaleza adaptando la naturaleza a sus necesidades. La técnica es lo contrario de la adaptación del sujeto al medio, puesto que es la adaptación del medio al sujeto. Ya esto bastaría para hacernos sospechar que se trata de un movimiento en dirección inversa a todos los biológicos.

Esta reacción contra su contorno, este no resignarse contentándose con lo que el mundo es, es lo específico del hombre. Por eso, aun estudiado zoológicamente, se reconoce su presencia cuando se encuentra la naturaleza deformada, por ejemplo, cuando se encuentran piedras labradas, con pulimento o sin él, es decir, utensilios. Un hombre sin técnica, es decir, sin reacción contra el medio, no es un hombre.

Pero hasta ahora se nos presentaba la técnica como una reacción a las necesidades orgánicas o biológicas. Recuerden ustedes que insistí en precisar el sentido del término «necesidad». Alimentarse era necesidad porque era condición *sine qua non* de la vida, es decir, del poder estar en el mundo. Y el hombre tiene, por lo visto, un gran empeño en estar en el mundo. Vivir, perdurar, era la necesidad de las necesidades.

Pero es el caso que la técnica no se reduce a facilitar la satisfacción de necesidades de ese género. Tan antiguos como los inventos de utensilios y procedimientos para calentarse, alimentarse, etcétera, son muchos otros cuya finalidad consiste en proporcionar al hombre cosas y situaciones innecesarias en ese sentido. Por ejemplo, tan viejo y tan extendido como el hacer fuego es el embriagarse... —quiero decir, el uso de procedimientos o sustancias que ponen al hombre en estado psicofisiológico de exaltación deliciosa o bien de delicioso estupor. La droga, el estupefaciente, es un invento tan primitivo como el que más. Tanto, que no es cosa clara, por ejemplo, si el fuego se inventó primero para evitar el frío —necesidad orgánica y condición *sine qua non*— o más bien para embriagarse. Los pueblos más primitivos usan las cuevas para encender en ellas fuego y ponerse a sudar en forma tal que entre el humo y el exceso de temperatura caen en trance de cuasi embriaguez. Es lo que se ha llamado las «casas de sudar». Resulta inacabable la lista de procedimientos hipnóticos, fantásticos —es decir, productores de imágenes deliciosas, de excitantes que dan placer al ejercitar un esfuerzo. Así, entre estos últimos, el «Kat» del Yemen y Etiopía, que hace grato el andar cuanto más se anda por los efectos de aquella sustancia en la próstata. Entre lo «fantástico» recuérdese la coca del Perú, el beleño, el estramonio o datura, etcétera. Parejamente discuten los etnólogos si es el arco de caza y guerra o el arco musical la forma primigenia del arco. La solución del debate no es cosa que ahora nos importe. El simple hecho de que quepa discutirlo demuestra que, sea o no el musical el arco originario, aparece entre los instrumentos más primitivos. Y esto nos basta.

Porque ello nos revela que el primitivo no sentía menos como necesidad el proporcionarse ciertos estados placenteros que el satisfacer sus necesidades mínimas para no morir; por lo tanto, que desde el principio, el concepto de «necesidad humana» abarca indiferentemente lo objetivamente necesario y lo superfluo. Si nosotros nos comprometiésemos a distinguir cuáles de entre nuestras necesidades son rigorosamente necesarias, ineludibles, y cuáles superfluas, nos veríamos en el mayor aprieto. Pues nos encontraríamos: 1.° Con que ante las necesidades que pensando *a priori* parecen más elementales e ineludibles —alimento, calor, por ejemplo—, tiene el hombre una elasticidad increíble. No sólo por fuerza sino hasta por gusto reduce a límites increíbles la cantidad de alimento y se adiestra a sufrir fríos de una intensidad superlativa. 2.° En cambio, le cuesta mucho o sencillamente no logra prescindir de ciertas cosas superfluas y cuando le faltan prefiere morir. 3.° De donde se deduce que el empeño del hombre por vivir, por estar en el mundo, es inseparable de su empeño en estar bien. Más aún: que vida significa para él no simple estar, sino bienestar, y que sólo siente como necesidades las condiciones objetivas del estar, porque éste, a su vez, es supuesto del bienestar. El hombre que se convence a fondo y por completo de que no puede lograr lo que él llama bienestar, por lo menos una aproximación a ello, y que tendría que contentarse con el simple y nudo estar, se suicida. El bienestar y no el estar es la necesidad fundamental para el hombre, la necesidad de las necesidades. Con lo cual llegamos a un concepto de necesidades humanas completamente distinto del que en el artículo anterior topamos, y además opuesto al que, por insuficiente análisis y descuidada meditación, suele adoptarse. Los libros sobre técnica que he leído —todos indignos, por cierto, de su enorme tema[1]— comienzan por no hacerse cargo de que el concepto de «necesidades humanas» es el más importante para aclarar lo que es la técnica. Todos esos libros, como no podía menos de ser, hacen uso de la idea de esas necesidades, pero como no ven su decisiva importancia, lo toman según está en la tópica ambiente.

Precisemos, antes de proseguir, la situación a que hemos llegado: en la lección anterior considerábamos el calentarse y el alimentarse como necesidades humanas, por ser condiciones objetivas del vivir, en el sen-

[1] El único libro que, insuficiente también en lo que se refiere al problema general de la técnica, he podido aprovechar en uno o dos puntos, es el de Gottl-Ottlilienfeld *Wirtschaft und Technik*.

tido de mero existir y simple estar en el mundo. Son, pues, necesarias en la medida en que sea al hombre necesario vivir. Y notábamos que, en efecto, el hombre mostraba un raro y obstinado empeño en vivir. Pero esta expresión, ahora lo advertimos, era equívoca. El hombre no tiene empeño alguno por estar en el mundo. En lo que tiene empeño es en estar bien. Sólo esto le parece necesario y todo lo demás es necesidad sólo en la medida en que haga posible el bienestar. Por lo tanto, para el hombre sólo es necesario lo objetivamente superfluo. Esto se juzgará paradójico, pero es la pura verdad. Las necesidades biológicamente objetivas no son, por sí, necesidades para él. Cuando se encuentra atenido a ellas se niega a satisfacerlas y prefiere sucumbir. Sólo se convierten en necesidades cuando aparecen como condiciones del «estar en el mundo», que a su vez sólo es necesario en forma subjetiva; a saber, porque hace posibles el «bienestar en el mundo» y la superfluidad. De donde resulta que hasta lo que es objetivamente necesario sólo lo es para el hombre cuando es referido a la superfluidad. No tiene duda: el hombre es un animal para el cual sólo lo superfluo es necesario. Al pronto parecerá a ustedes esto un poco extraño y sin más valor que el de una frase, pero si repiensan ustedes la cuestión verán cómo por sí mismos, inevitablemente, llegan a ella. Y esto es esencial para entender la técnica. La técnica es la producción de lo superfluo: hoy y en la época paleolítica. Es, ciertamente, el medio para satisfacer las necesidades humanas. Ahora podemos aceptar esta fórmula que ayer rechazábamos, porque ahora sabemos que las necesidades humanas son objetivamente superfluas y que sólo se convierten en necesidades para quien necesita el bienestar y para quien vivir es esencialmente vivir bien. He aquí por qué el animal es atécnico: se contenta con vivir y con lo objetivamente necesario para el simple existir. Desde el punto de vista del simple existir el animal es insuperable y no necesita la técnica. Pero el hombre es hombre porque para él existir significa desde luego y siempre bienestar; por eso es a *nativitate* técnico creador de lo superfluo. Hombre, técnica y bienestar son, en última instancia, sinónimos. Otra cosa lleva a desconocer el tremendo sentido de la técnica: su significación como hecho absoluto en el universo. Si la técnica consistiese sólo en una de sus partes —en resolver más cómodamente las mismas necesidades que integran la vida del animal y en el mismo sentido que puedan serlo para éste—, tendríamos un doblete extraño en el universo: tendríamos dos sistemas de actos —los instintivos del animal y los técnicos del hombre—, que siendo tan heterogéneos servirían, no obstante, la misma finalidad: sostener en el mundo al ser orgánico. Porque el caso es que el animal se las arregla perfectamente con su sistema, esto es, que no se trata de un sistema defectuoso, en principio. No es ni más ni menos defectuoso que el del hombre.

Todo se aclara en cambio si se advierte que las finalidades son distintas: de un lado servir a la vida orgánica, que es adaptación del sujeto al medio, simple estar en la naturaleza. De otro, servir a la buena vida, al bienestar, que implica adaptación del medio a la voluntad del sujeto.

Quedamos, pues, en que las necesidades humanas lo son sólo en función del bienestar. Sólo podremos entonces averiguar cuáles son aquéllas si averiguamos qué es lo que el hombre entiende por su bienestar. Y esto complica formidablemente las cosas. Porque... vaya usted a saber todo lo que el hombre ha entendido, entiende o entenderá por bienestar, por necesidad de las necesidades, por la sola cosa necesaria de que hablaba Jesús a Marta y María. (María, la verdadera técnica para Jesús).

Para Pompeyo no era necesario vivir, pero era necesario navegar, con lo cual renovaba el lema de la sociedad milesia de los *aeinautai* —los eternos navegantes—; a que Tales perteneció, creadores de un nuevo comercio audaz, una nueva política audaz, un nuevo conocimiento audaz —la ciencia occidental.

Hay el faquir, el asceta, de un lado; el sensual, el glotón, por otro.

Tenemos, pues, que mientras el simple vivir, el vivir en sentido biológico, es una magnitud fija que para cada especie está definida de una vez para siempre, eso que el hombre llama vivir, el buen vivir o bienestar es un término siempre móvil, ilimitadamente variable. Y como el repertorio de necesidades humanas es función de él, resultan éstas no menos variables, y como la técnica es el repertorio de actos provocados, suscitados por e inspirados en el sistema de esas necesidades, será también una realidad proteiforme, en constante mutación. De aquí que sea vano querer estudiar la técnica como una entidad independiente o como si estuviera dirigida por un vector único y de antemano conocido. La idea del progreso, funesta en todos los órdenes, cuando se la empleó sin críticas, ha sido aquí también fatal. Supone ella que el hombre ha querido, quiere y querrá siempre lo mismo, que los anhelos vitales han sido siempre idénticos y la única variación a través de los tiempos ha consistido en el avance progresivo hacia el logro de aquel único *desideratum*. Pero la verdad es todo lo contrario: la idea de la vida, el perfil del bienestar se ha transformado innumerables veces, en ocasiones tan radicalmente, que los llamados progresos técnicos eran abandonados y su rastro perdido. Otras veces —conste—, y es casi lo más frecuente en la historia, el inventor y la invención eran perseguidos como si se tratase de un crimen. El que hoy sintamos en forma extrema el prurito opuesto, el afán de invenciones, no debe hacernos suponer que siempre ha sido así. Al contrario, la humanidad ha solido sentir un misterioso terror cósmico hacia los descubrimientos, como si en éstos, junto a sus beneficios, latiese un terrible peligro. Y en medio de nuestro entusiasmo por los inventos técnicos, ¿no empezamos a sentir algo parecido? Sería de enorme y dramática enseñanza hacer una historia de las técnicas que, una vez logradas y pareciendo «adquisiciones eternas» —*ktesis eis aeí*—, se volatilizaron, se perdieron por completo.

III

EL ESFUERZO PARA AHORRAR ESFUERZO ES ESFUERZO.— EL PROBLEMA DEL ESFUERZO AHORRADO. — LA VIDA INVENTADA

Mi libro *La rebelión de las masas*[1] va inspirado, entre otras cosas, por la espantosa sospecha que sinceramente sentía entonces —allá por 1927 y 1928, nótenlo ustedes, las fechas de la *prosperity*— de que la magnífica, la fabulosa técnica actual corría peligro y muy bien podía ocurrir que se nos escurriese de entre los dedos y desapareciese en mucho menos tiempo de cuanto se puede imaginar. Hoy, cinco años después, mi sospecha no ha hecho sino acrecentarse pavorosamente. Vean, pues, los ingenieros cómo para ser ingeniero no basta con ser ingeniero. Mientras se están ocupando en su faena particular, la historia les quita el suelo de debajo de los pies.

Es preciso estar alerta y salir del propio oficio: otear bien el paisaje de la vida, que es siempre total. La facultad suprema para vivir no la da ningún oficio ni ninguna ciencia: es la sinopsis de todos los oficios y todas las ciencias y muchas otras cosas además. Es la integral cautela. La vida humana y todo en ella es un constante y absoluto riesgo. La media toda se va por el punto menos previsible: una cultura se vacía entera por el más imperceptible agujero. Pero dejando a un lado éstas, que son, aunque inminentes, meras posibilidades, recapacite el técnico no más que comparando su situación de ayer con la que hace presumir el mañana.

Una cosa es, por lo menos, clarísima: que las condiciones de todo orden, sociales, económicas, políticas, en que va a trabajar mañana son sumamente distintas de aquéllas en que trabajó hasta hoy.

No se hable, pues, de la técnica como de la única cosa positiva, la única realidad inconmovible del hombre. Eso es una estupidez, y cuanto más cegados estén por ella los técnicos, más probable es que la técnica actual se venga al suelo y periclite.

Hay quien cree que la técnica actual está más firme en la historia que otras porque ella misma, como tal técnica, posee ingredientes que

[1] [Véase pag. 373 del tomo IV de estas *Obras completas*].

la diferencian de todas las demás, por ejemplo, su basamento en las ciencias. Esta presunta seguridad es ilusoria. La indiscutible superioridad de la técnica presente, como tal técnica, es, por otro lado, un factor de mayor debilidad. Si se basa en la exactitud de la ciencia, quiere decirse que se apoya en más supuestos y condiciones que las otras, al fin y al cabo más independientes y espontáneas.

Todas estas seguridades son las que precisamente están haciendo peligrar la cultura europea. El progresismo, al creer que ya se había llegado a un nivel histórico en que no cabía sustantivo retroceso, sino que mecánicamente se avanzaría hasta el infinito, ha aflojado las clavijas de la cautela humana y ha dado lugar a que irrumpa de nuevo la barbarie en el mundo.

Pero dejemos esto, ya que no es materia en que podamos entrar ahora seriamente. Resumamos, en cambio, cuanto he dicho últimamente:

1.° No hay hombre sin técnica.

2.° Esa técnica varía en sumo grado y es sobremanera inestable, dependiendo cuál y cuánta sea en cada momento de la idea de bienestar que el hombre tenga a la sazón. En tiempo de Platón, la técnica de los chinos, en no pocos órdenes, era incomparablemente superior a la de los griegos. Hay ciertas obras de la técnica egipcia que son superiores a cuanto hoy hace el europeo; por ejemplo, el lago Meris, de que habla Herodoto, que un tiempo se creyó fabuloso y cuyo residuo ha sido luego descubierto. En esta gigantesca obra hidráulica se recogían 3.430.000.000 de metros cúbicos, y gracias a ello la región del Delta, que hoy es un desierto, era superlativamente fértil. Lo propio acontece con los *foggara* del desierto sahárico.

3.° Otra cuestión es si no hay en todas las técnicas pasadas un torso común en que ha ido acumulando sus descubrimientos, aun a través de no pocas desapariciones, retrocesos y pérdidas. En tal caso, podría hablarse de un absoluto progreso de la técnica. Pero siempre se correrá el riesgo de definir este absoluto progreso desde el punto de vista técnico peculiar al que habla, y ese punto de vista no es el absoluto, a lo mejor. Mientras él lo está afirmando con fe loca, la humanidad empieza a abandonarlo.

Ya hablaremos algo de los distintos tipos de técnica, de sus vicisitudes, de sus ventajas y de sus limitaciones; mas ahora nos conviene no perder de vista la idea fundamental de lo que es la técnica, porque ella encierra los mayores secretos.

Actos técnicos —decíamos— no son aquéllos en que hacemos esfuerzos para satisfacer directamente nuestras necesidades, sean éstas elementales o francamente superfluas, sino aquéllos en que dedicamos el esfuerzo, primero, a inventar y luego a ejecutar un plan de actividad que nos permita:

1.° Asegurar la satisfacción de las necesidades, por lo pronto, elementales.

2.° Lograr esa satisfacción con el mínimo esfuerzo.

3.° Crearnos posibilidades completamente nuevas produciendo objetos que no hay en la naturaleza del hombre. Así, el navegar, el volar, el hablar con el antípoda mediante el telégrafo o la radiocomunicación.

Dejando por ahora el tercer punto, notemos los dos rasgos salientes de toda técnica: que disminuye, a veces casi elimina, el esfuerzo impuesto por la circunstancia y que lo consigue reformando ésta, reobrando contra ella y obligándola a adoptar formas nuevas que favorecen al hombre.

En el ahorro de esfuerzo que la técnica proporciona podemos incluir, como uno de sus componentes, la seguridad. La precaución, la angustia, el terror que la inseguridad provoca son formas del esfuerzo, de la imposición por parte de la naturaleza sobre el hombre.

Tenemos, pues, que la técnica es, por lo pronto, el esfuerzo para ahorrar el esfuerzo o, dicho en otra forma, es lo que hacemos para evitar por completo, o en parte, los quehaceres que la circunstancia primariamente nos impone. En esto se halla todo el mundo conforme; pero es curioso que sólo se entiende por una de sus caras, la menos interesante, el anverso, y no se advierte el enigma que su reverso representa.

¿No se cae en la cuenta de lo sorprendente que es que el hombre se esfuerce precisamente en ahorrarse esfuerzo? Se dirá que la técnica es un esfuerzo menor con que evitamos un esfuerzo mucho mayor y, por lo tanto, una cosa perfectamente clara y razonable. Muy bien; pero eso no es lo enigmático, sino esto otro: ¿Adónde va a parar ese esfuerzo ahorrado y que queda vacante? La cosa resalta más si empleamos los otros vocablos y decimos: si con el hacer técnico el hombre queda exento de los quehaceres impuestos por la naturaleza, ¿qué es lo que va a hacer, qué quehaceres van a ocupar su vida? Porque no hacer nada es vaciar la vida, es no vivir; es incompatible con el hombre. La cuestión, lejos de ser fantástica, tiene hoy ya un comienzo o de realidad. Hasta una persona aguda, ciertamente, pero que es sólo economista —Keynes— se planteaba esta cuestión: dentro de poco —si no hay retroceso, se entiende— la técnica permitirá que el hombre no tenga que trabajar más que una o dos horas al día. Pues bien: ¿qué va a hacer el resto de las veinticuatro? De hecho, en no escasa medida, esa situación es ya la de hoy: el obrero trabaja hoy ocho horas en algunos países y sólo cinco días —y según parece éste será el porvenir inmediato general: trabajar sólo cuatro días semanales—; ¿qué hace ese obrero del resto enorme de su tiempo, del ámbito hueco que queda en su vida?

Pero el que la técnica actual presente tan a las claras esta cuestión no quiere decir que no preexista desde siempre en toda técnica, puesto que toda ella lleva a un ahorro de quehacer y no accidentalmente o como resultado que sobreviene al acto técnico, sino que ese afán de ahorrar esfuerzo es lo que inspira a la técnica. La cuestión, pues, no es adyacente, sino que pertenece a la esencia misma de la técnica, y ésta no se entiende si nos contentamos con confirmar que ahorra esfuerzo y no nos preguntamos en qué se emplea el esfuerzo vacante.

Y he aquí cómo la meditación sobre la técnica nos hace tropezar dentro de ella, como con el hueso en un fruto, con el raro misterio del ser del hombre. Porque es éste un ente forzado, si quiere existir, a existir en la naturaleza, sumergido en ella; es un animal. Zoológicamente, vida significa todo lo que hay que hacer para sostenerse en la naturaleza. Pero el hombre se las arregla para reducir al mínimum esa vida, para no tener que hacer lo que tiene que hacer el animal. En el hueco que la superación de su vida animal deja, vaca el hombre a una serie de quehaceres no biológicos, que no le son impuestos por la naturaleza, que él se inventa a sí mismo. Y precisamente a esa vida inventada, inventada como se inventa una novela o una obra de teatro, es a lo que el hombre llama vida humana, bienestar. La vida humana, pues, trasciende de la realidad natural, no le es dada como le es dado a la piedra caer y al animal el repertorio rígido de sus actos orgánicos —comer, huir, nidificar, etcétera—, sino que se la hace él, y este hacérsela comienza por ser la invención de ella. ¿Cómo? La vida humana ¿sería entonces en su dimensión específica... una obra de imaginación? ¿Sería el hombre una especie de novelista de sí mismo que forja la figura fantástica de un personaje con su tipo irreal de ocupaciones y que para conseguir realizarlo hace todo lo que hace, es decir, es técnico?

IV

EXCURSIONES AL SUBSUELO DE LA TÉCNICA

Las respuestas que se han dado a la pregunta ¿qué es la técnica? son de una pavorosa superficialidad. Y lo peor del caso es que no puede atribuirse al azar. Esa superficialidad es compartida por casi todas las cuestiones que se refieren verdaderamente a lo humano en el hombre. Y no será posible poner alguna claridad en ellas si no nos resolvemos a tomarlas en el estrato profundo donde surge todo lo propiamente humano. Mientras sigamos, al hablar de asuntos que nos afectan, dando por supuesto que sabemos bien lo que es lo humano, sólo lograremos dejarnos siempre la verdadera cuestión a nuestra espalda. Y esto acontece con la técnica. Conviene hacerse cargo de todo el radicalismo que debe inspirar nuestra interrogación. ¿Cómo es que en el universo existe esa cosa tan extraña, ese hecho absoluto que es la técnica, el hacer técnica el hombre? Si intentamos en serio aproximarnos a una respuesta, tenemos que resolvernos a sumergirnos en ciertas ineludibles honduras.

Y entonces nos encontramos con que en el universo acontece el siguiente hecho: un ente, el hombre, se ve obligado, si quiere existir, a estar en otro ente, el mundo o la naturaleza. Ahora bien: ese estar el uno en el otro —el hombre en el mundo— podía adoptar uno de estos tres carices:

1.° Que la naturaleza ofreciese al hombre para su estancia en ella puras facilidades. Esto querría decir que el ser del hombre y del mundo coincidían plenamente o, lo que es igual, que el hombre era un ser natural. Así acontece con la piedra, con la planta, probablemente con el animal. Si así fuese, el hombre carecería de necesidades, no echaría de menos nada, no sería menesteroso. Sus deseos no se diferenciarían de la satisfacción de esos mismos deseos. No desearía sino lo que hay en el mundo tal y como lo hay, o viceversa, lo que él desease lo habría *ipso facto*, como en el cuento de la varita de las virtudes. Un ente así no podría sentir el mundo como algo distinto de él, puesto que no le ofrecería resistencia. Andar por el mundo sería igual que andar por dentro de sí mismo.

2.° Pero podría ocurrir lo inverso. Que el mundo no ofreciese al hombre sino puras dificultades o, lo que es igual, que el ser del hombre y el del mundo fuesen totalmente antagónicos. En este caso, el hombre no podría alojarse en el mundo, no podría estar en él ni una fracción de segundo. Eso que llamamos vida humana no existiría y, por lo tanto, tampoco la técnica.

3.° La tercera posibilidad es la que efectivamente se da: que el hombre, al tener que estar en el mundo, se encuentra con que éste es en derredor suyo una intrincada red, tanto de facilidades como de dificultades. Apenas hay cosas en él que no sean en potencia lo uno o lo otro. La tierra es algo que le sostiene con su solidez y le permite tenderse para descansar o correr cuando tiene que huir. El que naufraga o se cae de un tejado se da bien cuenta de lo favorable que es esa cosa tan humilde por lo habitual que es la solidez de la tierra. Pero la tierra es también distancia; a lo mejor mucha tierra le separa de la fuente cuando está sediento, y a veces la tierra se empina; es una cuesta penosa que hay que subir. Este fenómeno radical, tal vez el más radical de todos —a saber: que nuestro existir consiste en estar rodeado tanto de facilidades como de dificultades—, da su especial carácter ontológico a la realidad que llamamos vida humana, al ser del hombre.

Porque si no encontrase facilidad alguna, estar en el mundo le sería imposible, es decir, que el hombre no existiría y no habría cuestión. Como encuentra facilidades en qué apoyarse, resulta que le es posible existir. Pero como halla también dificultades, esa posibilidad es constantemente estorbada, negada, puesta en peligro. De aquí que la existencia del hombre, su estar en el mundo, no sea un pasivo estar, sino que tenga, a la fuerza y constantemente, que luchar contra las dificultades que se oponen a que su ser se aloje en él. Nótese bien: a la piedra le es dada hecha su existencia, no tiene que luchar para ser lo que es: piedra en el paisaje. Mas para el hombre existir es tener que combatir incesantemente con las dificultades que el contorno le ofrece; por lo tanto, es tener que hacerse en cada momento su propia existencia. Diríamos, pues, que al hombre le es dada la abstracta posibilidad de existir, pero no le es dada la realidad. Ésta tiene que conquistarla él, minuto tras minuto: el hombre, no sólo económicamente, sino metafísicamente, tiene que ganarse la vida.

Y todo esto ¿por qué? Evidentemente —no es sino decir lo mismo con otras palabras—, porque el ser del hombre y el ser de la naturaleza no coinciden plenamente. Por lo visto, el ser del hombre tiene la extraña condición de que en parte resulta afín con la naturaleza, pero en otra parte no, que es a un tiempo natural y extranatural, una especie de centauro ontológico, que media porción de él está inmersa, desde luego, en la naturaleza, pero la otra parte trasciende de ella. Dante diría que está en ella como las barcas arrimadas a la marina, con media quilla en la playa y la otra media en la costa. Lo que tiene de natural se realiza por sí mismo: no le es cuestión. Mas, por lo mismo, no lo siente como su auténtico ser. En cambio, su porción extranatural no es, desde luego, y sin más, realizada, sino que consiste, por lo pronto, en una mera pretensión de ser, en un proyecto de vida. Esto es lo que sentimos como nuestro verdadero ser, lo que llamamos nuestra personalidad, nuestro yo. No ha de interpretarse esa porción extranatural y antinatural de nuestro ser en el sentido del viejo espiritualismo. No me interesan ahora los angelitos, ni siquiera eso que se ha llamado espíritu, idea confusa cargada de mágicos reflejos.

Si recapacitan ustedes un poco hallarán que eso que llaman su vida no es sino el afán de realizar un determinado proyecto o programa de existencia. Y su «yo», el de cada cual, no es sino ese programa imaginario. Todo lo que hacen ustedes lo hacen en servicio de ese programa. Y si están ustedes ahora oyéndome es porque creen, de uno u otro modo, que hacer eso les sirve para llegar a ser, íntima y socialmente, ese yo que cada uno de ustedes siente que debe ser, que quiere ser. El hombre es, pues, ante todo, algo que no tiene realidad ni corporal ni espiritual; es un programa como tal; por lo tanto, lo que aún no es, sino que aspira a ser. Se dirá que no puede haber programa si alguien no lo piensa, si no hay, por lo tanto, idea, mente, alma o como se le quiera llamar. Yo no puedo discutir esto a fondo porque tendría que embarcarme en un curso de filosofía. Sólo puedo hacer esta observación: aunque el programa o proyecto de ser un gran financiero tiene que ser pensado en una idea, *ser ese* proyecto no es ser esa «idea». Yo pienso sin dificultad esa idea y, sin embargo, estoy muy lejos de ser ese proyecto.

He aquí la tremenda y sin par condición del ser humano, lo que hace de él algo único en el universo. Adviértase lo extraño y desazonador del caso. Un ente cuyo ser consiste, no en lo que ya es, sino en lo que aún no es, un ser que consiste en aún no ser. Todo lo demás del universo consiste en lo que ya es. El astro es lo que ya es ni más ni menos. Todo aquello cuyo modo de ser consiste en ser lo que ya es y en el cual, por lo tanto, coincide, desde luego, su potencialidad con su realidad, lo que puede ser con lo que, en efecto, es ya, llamamos cosa. La cosa tiene su ser dado ya y logrado.

En este sentido, el hombre no es una cosa sino una pretensión, la pretensión de ser esto o lo otro. Cada época, cada pueblo, cada individuo modula de diverso modo la pretensión general humana.

Ahora, pienso, se comprenden bien todos los términos del fenómeno radical que es nuestra vida. Existir es para nosotros hallarnos de pronto teniendo que realizar la pretensión que somos en una determinada circunstancia. No se nos permite elegir de antemano el mundo o circunstancia en que tenemos que vivir, sino que nos encontramos, sin nuestra anuencia previa, sumergidos en un contorno, en un mundo que es el de aquí y ahora. Ese mundo o circunstancia en que me encuentro sumido no es sólo el paisaje que me rodea, sino también mi cuerpo y también mi alma. Yo no soy mi cuerpo; me encuentro con él y con él tengo que vivir, sea sano, sea enfermo, pero tampoco soy mi alma: también me encuentro con ella y tengo que usar de ella para vivir, aunque a veces me sirva mal porque tiene poca voluntad o ninguna memoria. Cuerpo y alma son cosas, y yo no soy una cosa, sino un drama, una lucha por llegar a ser lo que tengo que ser. La pretensión o programa que somos oprime con su peculiar perfil ese mundo en torno, y éste responde a esa presión aceptándola o resistiéndola, es decir, facilitando nuestra pretensión en unos puntos y dificultándola en otros.

Ahora puedo decir lo que antes no hubiera podido entenderse bien. Eso que llamamos naturaleza, circunstancia o mundo no es originariamente sino el puro sistema de facilidades y dificultades con que el hombre-programático se encuentra. Aquellos tres nombres —naturaleza, mundo, circunstancia— son ya interpretaciones que el hombre da a lo que primariamente encuentra, que es sólo un complejo de facilidades y dificultades. Sobre todo, «naturaleza» y «mundo» son dos conceptos que califican aquello a que se refieren como algo, que está ahí, que existe por sí, con independencia del hombre. Lo propio acontece con el concepto «cosa», el cual significa algo que tiene un ser determinado y fijo y que lo tiene aparte del hombre y por sí. Pero, repito, todo esto es ya reacción intelectual interpretativa, a lo que primitivamente hallamos en torno de nuestro yo. Y eso que primitivamente hallamos no tiene un ser aparte e independiente de nosotros, sino que agota su consistencia en ser facilidad o dificultad, por lo tanto, en lo que es respecto a nuestra pretensión. Sólo en función de ésta, es algo facilidad o dificultad. Y según sea la pretensión que nos informa, así serán estas o las otras, mayores o menores, las facilidades y dificultades que integran el puro y radical contorno. Así se explica que el mundo sea para cada época, y aun para cada hombre, algo distinto. Al perfil de nuestro personal programa, perfil dinámico que oprime la circunstancia, responde ésta con otro perfil determinado compuesto de facilidades y dificultades peculiares. Evidentemente, no es lo mismo el mundo para un comerciante que para un poeta: donde éste tropieza, aquél nada a sabor: lo que a éste repugna, a aquél le regocija. Claro es que el mundo de ambos tendrá muchos elementos comunes: los que responden a la pretensión genérica que es el hombre en cuanto especie. Mas precisamente porque el ser del hombre no le es dado sino que es, por lo pronto, pura posibilidad imaginaria, la especie humana es de una inestabilidad y variabilidad incomparables con las especies animales. En suma, que los hombres son enormemente desiguales, contra lo que afirmaban los igualitarios de los dos últimos siglos y siguen afirmando los arcaicos del presente.

V

LA VIDA COMO FABRICACIÓN DE SÍ MISMA.— TÉCNICA Y DESEOS

Bajo esta perspectiva, la vida humana, la existencia del hombre, aparece consistiendo formalmente, esencialmente, en un problema. Para los demás entes del universo, existir no es problema —porque existencia quiere decir efectividad, realización de una esencia—; por ejemplo, que «el ser toro» se verifique, acontezca. Ahora bien, el toro, si existe, existe ya siendo toro. En cambio, para el hombre existir no es ya, sin más ni más, existir como el hombre que es, sino meramente posibilidad de ello y esfuerzo hacia lograrlo. ¿Quién de ustedes es, efectivamente, el que siente que tendría que ser, que debería ser, que anhela ser? A diferencia, pues, de todo lo demás, el hombre, al existir, tiene que hacerse su existencia, tiene que resolver el problema práctico de realizar el programa en que, por lo pronto, consiste. De ahí que nuestra vida sea pura tarea e inexorable quehacer. La vida de cada uno de nosotros es algo que no nos es dado hecho, regalado, sino algo que hay que hacer. La vida da mucho quehacer; pero además no es sino ese quehacer que da a cada cual, y un quehacer, repito, no es una cosa, sino algo activo, en un sentido que trasciende todos los demás. Porque en el caso de los demás seres se supone que alguien o algo que ya es, actúa; pero aquí se trata de que precisamente para ser hay que actuar, que no se es sino esa actuación. El hombre, quiera o no, tiene que hacerse a sí mismo, autofabricarse. Esta última expresión no es del todo inoportuna. Ella subraya que el hombre, en la raíz misma de su esencia, se encuentra, antes que en ninguna otra, en la situación del técnico. Para el hombre, vivir es, desde luego, y antes que otra cosa, esforzarse en que haya lo que aún no hay; a saber, él, él mismo, aprovechando para ello lo que hay; en suma, es producción. Con esto quiero decir que la vida no es fundamentalmente como tantos siglos han creído: contemplación, pensamiento, teoría. No; es producción, fabricación, y sólo porque éstas lo exigen; por lo tanto, después, y no antes, es pensamiento, teoría y ciencia. Vivir..., es decir, hallar los medios para realizar el programa que se es. El mundo, la circunstancia, se presenta desde luego como primera materia y como posible máquina. Ya que para existir tiene que estar en el mundo, y éste no realiza por sí y sin más el ser del hombre, sino que le pone dificultades, el hombre se resuelve a buscar en él la máquina oculta que encierra para servir al hombre. La historia del pensamiento humano se reduce a la serie de observaciones que el hombre ha hecho para sacar a la luz, para descubrir esa posibilidad de máquina que el mundo lleva latente en su materia. De aquí que al invento técnico se le llame también descubrimiento. Y no es, como veremos, una casualidad que la técnica por antonomasia, la plena madurez de la técnica, se iniciase hacia 1600; justamente cuando en su pensamiento teórico del mundo llegó el hombre a entenderlo como una máquina. La técnica moderna enlaza con Galileo, Descartes, Huygens; en suma, con los creadores de la interpretación mecánica del universo. Antes se creía que el mundo corporal era un ente amecánico, cuyo ser último estaba constituido por poderes espirituales, más o menos voluntariosos e incoercibles. El mundo, como puro mecanismo, es, en cambio, la máquina de las máquinas.

Es, pues, un error fundamental creer que el hombre no es sino un animal casualmente dotado con talento técnico o, dicho en otro giro, que si a un animal le agregásemos mágicamente el don técnico, tendríamos sin más el hombre. La verdad es lo contrario, porque el hombre tiene una tarea muy distinta que la del animal, una tarea extranatural, no puede dedicar sus energías como aquél a satisfacer sus necesidades elementales, sino que, desde luego, tiene que ahorrarlas en ese orden para poder vacar con ellas a la improbable faena de realizar su ser en el mundo.

He aquí por qué el hombre empieza cuando empieza la técnica. La holgura, menor o mayor, que ésta le abre en la naturaleza es el alvéolo donde puede alojar su excéntrico ser. Por eso insistía ayer en que el sentido y la causa de la técnica están fuera de ella; a saber: en el empleo que da el hombre a sus energías vacantes, liberadas por aquélla. La misión inicial de la técnica es ésa: dar franquía al hombre para poder vacar a ser sí mismo.

Los antiguos dividían la vida en dos zonas: a una, que llamaban *otium*, el ocio, que no es la negación del hacer, sino ocuparse en ser lo humano del hombre, que ellos interpretaban como mando, organización, trato social, ciencias, artes. La otra zona, llena de esfuerzo para satisfacer las necesidades elementales, todo lo que hacía posible aquel *otium*, la llamaban *nec-otium*, señalando muy bien el carácter negativo que tiene para el hombre.

En vez de vivir al azar y derrochar su esfuerzo, necesita éste actuar conforme a plan para obtener seguridad en su choque con las exigencias naturales y dominarlas con un máximo de rendimiento. Esto es su hacer técnico frente al hacer a la buena de Dios del animal, del pájaro del buen Dios, por ejemplo.

Todas las actividades humanas que especialmente han recibido o merecen el nombre de técnicas, no son más que especificaciones, concreciones de ese carácter general de autofabricación propio a nuestro vivir.

Si nuestra existencia no fuese ya desde un principio la forzosidad de construir con el material de la naturaleza la pretensión extranatural que es el hombre, ninguna de esas técnicas existiría. El hecho absoluto, el puro fenómeno del universo que es la técnica, sólo puede darse en esa extraña, patética, dramática combinación metafísica de que dos entes heterogéneos —el hombre y el mundo— se vean obligados a unificarse, de modo que uno de ellos, el hombre, logre insertar su ser extramundano en el otro, que es precisamente el mundo. Ese problema, casi de ingeniero, es la existencia humana.

Y, sin embargo, o por lo mismo, la técnica no es en rigor lo primero. Ella va a ingeniarse y a ejecutar la tarea, que es la vida; va a lograr, claro está, en una u otra limitada medida, hacer que el programa humano se realice. Pero ella por sí no define el programa; quiero decir que a la técnica le es prefijada la finalidad que ella debe conseguir. El programa vital es pre-técnico. El técnico o la capacidad técnica del hombre tiene a su cargo inventar los procedimientos más simples y seguros para lograr las necesidades del hombre. Pero éstas, como hemos visto, son también una invención; son lo que en cada época, pueblo o persona el hombre pretende ser; hay, pues, una primera invención pre-técnica, la invención por excelencia, que es el deseo original.

No se crea que es desear faena tan fácil. Observen ustedes la específica angustia que experimenta el nuevo rico. Tiene en la mano la posibilidad de obtener el logro de sus deseos, pero se encuentra con que no sabe tener deseos. En su secreto fondo advierte que no desea nada, que por sí mismo es incapaz de orientar su apetito y decidirlo entre las innumerables cosas que el contorno le ofrece. Por eso busca un intermediario que le oriente, y lo halla en los deseos predominantes de los demás. He aquí la razón por la cual lo primero que el nuevo rico se compra es un automóvil, una pianola y un fonógrafo. Ha encargado a los demás que deseen por él. Como hay el tópico del pensamiento, el cual consiste en la idea que no es pensada originariamente por el que la piensa, sino tan sólo por él repetida, ciegamente, maquinalmente reiterada, hay también un deseo tópico, que es más bien la ficción y el mero gesto de desear.

Esto acontece, pues, aun en la órbita del desear que se refiere a lo que ya hay ahí, a las cosas que ya tenemos en nuestro horizonte antes de desearlas. Imagínese hasta qué punto será difícil el deseo propiamente creador, el que postula lo inexistente, el que anticipa lo que aún es irreal. En definitiva, los deseos referentes a cosas se mueven siempre dentro del perfil del hombre que deseamos ser. Éste es, por lo tanto, el deseo radical, fuente de todos los demás. Y cuando alguien es incapaz de desearse a sí mismo, porque no tiene claro un sí mismo que realizar, claro es que no tiene sino pseudo-deseos, espectros de apetitos sin sinceridad ni vigor.

Acaso la enfermedad básica de nuestro tiempo sea una crisis de los deseos, y por eso toda la fabulosa potencialidad de nuestra técnica parece como si no nos sirviera de nada. Hoy la cosa comienza a hacerse patente, pero ya en 1921 se me ocurría enunciar el grave hecho: «Europa padece una extenuación en su facultad de desear». (*España invertebrada*)[1]. Y esa obnubilación del programa vital traerá consigo una detención o retroceso de la técnica que no sabrá bien a quién, a qué servir. Porque ésta es la increíble situación a que hemos llegado y que confirma la interpretación aquí sustentada: la finca, es decir, el repertorio con que hoy cuenta el hombre para vivir, no sólo es incomparablemente superior al que nunca ha gozado (las fuerzas creadas en la técnica equivalen a 2.500 millones de esclavos, es decir, dos servidores para cada civilizado), sino que tenemos la clara conciencia de que son superabundantes, y, sin embargo, la desazón es enorme, y es que el hombre actual no sabe qué ser, le falta imaginación para inventar el argumento de su propia vida.

¿Por qué? ¡Ah!, eso no pertenece a este ensayo. Sólo nos preguntaremos: ¿Qué en el hombre, o qué clase de hombres son los especialistas del programa vital? ¿El poeta, el filósofo, el fundador de religión, el político, el descubridor de valores? No lo decidamos; baste con advertir que el técnico los supone y que esto explica una diferencia de rango que siempre ha habido y contra la cual es en vano protestar.

Tal vez tenga que ver con esto el extrañísimo hecho de que la técnica es casi siempre anónima, o por lo menos que los creadores de ella no gocen de la fama nominativa que ha acompañado siempre a aquellos otros hombres. Uno de los inventos más formidables de los últimos sesenta años ha sido el motor de explosión. Pues bien, ¿cuántos de ustedes, que no sean por su oficio técnicos, recuerdan en este momento la lista de nombres egregios que llevaron sus inventores?

De aquí también la enorme improbabilidad de que se constituya una «tecnocracia». Por definición, el técnico no puede mandar, dirigir en última instancia. Su papel es magnífico, venerable, pero irremediablemente de segundo plano.

Resumamos:

La reforma de la naturaleza o técnica, como todo cambio o mutación, es un movimiento con sus dos términos, *a quo* y *ad quem*. El término a quo es la naturaleza, según está ahí. Para modificarla hay que fijar el otro término, hacia el cual se la va a conformar. Este término *ad quem* es el programa vital del hombre. ¿Cómo llamaríamos al logro pleno de éste? Evidentemente, bienestar del hombre, felicidad. He aquí que con ello cerramos el rizo de todas las consideraciones hechas en las anteriores lecciones.

---

[1] [Véase página 421 del tomo III de estas *Obras completas*].

VI

EL DESTINO EXTRANATURAL DEL HOMBRE.— PROGRAMAS DE SER QUE HAN DIRIGIDO AL HOMBRE.— EL ORIGEN DEL ESTADO TIBETANO

En las lecciones anteriores he procurado sugerir cuáles son los supuestos que tienen que darse en el universo para que en él aparezca eso que llamamos técnica. Dicho en otra forma, la técnica implica todo eso que hemos enunciado: que hay un ente cuyo ser consiste, por lo pronto, en lo que aún no es, en un mero proyecto, pretensión o programa de ser; que, por tanto, ese ente tiene que afanarse en la realización de sí mismo. No puede lograrla sino con elementos reales; como el artista no puede realizar la estatua imaginada si no tiene una materia sólida en que plasmarla. La materia, el elemento real donde y con el cual el hombre *puede* llegar a ser de hecho lo que en proyecto es, es el mundo. Éste le ofrece la posibilidad de existir y, a la par, grandes dificultades para ello. En tal disposición de los términos la vida aparece constituida como un problema casi ingenieril: aprovechar las facilidades que el mundo ofrece para vencer las dificultades que se oponen a la realidad de nuestro programa. En esta condición radical de nuestra vida es donde prende el hecho de la técnica.

Dicho así, en fórmula abstracta, resulta acaso difícil de comprender. Porque ese programa extranatural que afirmamos ser el hombre y para servir al cual se afana la técnica, suena a algo místico e inconcretable. Alguna claridad, sin embargo, aportó al asunto la rápida enumeración que hice de algunos entre los muchos programas vitales en que el hombre históricamente ha concentrado su ser: el bodhisatva hindú, el hombre agonal de la Grecia aristocrática del siglo VI, el buen republicano de Roma y el estoico de la época del Imperio, el asceta medieval, el hidalgo del XVI, el *homme de bonne compagnie* de Francia en el XVII, la *schöne Seele* de fines del XVIII en Alemania o el *Dichter und Denker* de comienzos del XIX, el *gentleman* de 1850 en Inglaterra, etcétera.

No me es lícito dejarme llevar a la sugestiva labor de ir describiendo el perfil presionador del mundo que es cada uno de estos modos de ser del hombre.

Únicamente haré notar algo que me parece de toda evidencia. El pueblo en que predomina la idea de que el verdadero ser del hombre es ser bodhisatva, no puede crear una técnica igual a aquel otro en que se aspira a ser *gentleman*. Ser bodhisatva es, por lo pronto, creer que existir en este mundo de meras apariencias es precisamente no existir de verdad. La verdadera existencia consiste para él en no ser individuo, trozo particular del universo, sino fundirse en el Todo y desaparecer en él. El bodhisatva, pues, aspira a no vivir o a vivir lo menos posible. Reducirá su alimento al mínimo; ¡mal para la técnica de la alimentación! Procurará la inmovilidad máxima, para recogerse en la meditación, único vehículo que permite al hombre llegar al éxtasis, es decir, a ponerse en vida fuera de este mundo. No es verosímil que invente el automóvil este hombre que no quiere moverse. En cambio, suscitará todas esas técnicas tan ajenas a nosotros europeos como son las de los fakires y yogas, técnicas del éxtasis, técnicas que no producen reformas en la naturaleza material, sino en el cuerpo y la psique del hombre. Por ejemplo, la técnica de la insensibilidad y la catalepsia, de la concentración, etcétera. Esto por lo que hace a mi advertencia de que la técnica es función del variable programa humano. De otra parte, nos aclara ya del todo aquello de que el hombre, en una de sus dimensiones, tiene un ser extranatural y que antes no conseguíamos traer a intuición.

Es evidente que existir como meditador y como extático, vivir precisamente como no viviente, en constante procuración de anular el mundo y la existencia misma, no es un modo natural de existir. Ser bodhisatva es, en principio, no comer, no moverse, no sexualizar, no sentir placer ni dolor; ser, en consecuencia, la negación viviente de la naturaleza. Por eso es un ejemplo drástico de la extranaturalidad del ser humano y de lo difícil que es su realización en la naturaleza. Ello requiere una preadaptación de ésta que deje huelgo para una calidad de ser que tan radicalmente la contradice. Pero la explicación naturalista de lo humano saltará aquí sosteniendo que la relación entre el proyecto de ser y la técnica es inversa de la que yo propongo, a saber: que es el proyecto quien suscita la técnica, la cual, a su vez, reforma la naturaleza. Todo lo contrario, se dirá: en la India el clima y el suelo facilitan tan enormemente la vida que el hombre apenas necesita moverse ni alimentarse. Es, pues, el clima y el suelo quienes preforman ese tipo de vida búdica. Con esto, por vez primera acaso, les sonará algo bien en este ensayo a los hombres de ciencia que me escuchan.

Pero ahora no puedo menos de chafar al naturalista imaginario que me objeta aún aquella pequeñísima satisfacción. No: existe, sin duda, una relación entre clima y suelo de un lado y programa de humanidad de otro, pero es muy distinta de la que la anterior explicación supone. No voy ahora a exponer cuál es, a mi juicio; por una vez voy a excusarme de razonar y en su lugar voy a oponer al pretendido hecho que el presunto objetante ha presentado, sencillamente, otro hecho positivo que da al traste con aquella explicación.

Si son el clima y la tierra de la India quienes explican el budismo de la India, no se comprende por qué hoy la región budista por excelencia es el Tibet. Porque su clima y su tierra son la antítesis de la región del

Ganges o de Ceylán. Las altiplanicies tras el Himalaya son uno de los lugares más ásperos y crudos del planeta. Feroces vendavales señorean aquellas llanuras inmensas, aquellos amplísimos valles. Tormentas y hielos la castigan durante gran parte del año. Por eso no había allí sino hordas trashumantes, inquietas y broncas, en continua agresión las unas con las otras. Se guarecían en sus tiendas, hechas con la piel de los grandes ovinos altaicos. Nunca pudo allí constituirse un Estado. He aquí que un buen día transpusieron los sublimes puertos del Himalaya algunos misioneros budistas y convirtieron a su religión algunas de aquellas hordas. Pero el budismo es, más esencialmente que ninguna otra religión, faena de meditación. En el budismo no hay un dios que se encargue de salvar al hombre. Es el hombre quien tiene que salvarse a sí mismo por medio de la meditación, de la oración. ¿Cómo meditar en la crudísima temperie tibetana? Fue menester construir conventos de cal y canto, los primeros edificios que hubo allí nunca. No, pues, para simplemente vivir surge en el Tibet la casa, sino para orar. Pero ocurrió que en las contiendas tradicionales de aquel país las hordas budistas se acogían en sus conventos, que adquirieron así un papel guerrero, proporcionando a sus poseedores superioridad sobre los no budistas. En suma, que el convento, haciendo de castillo, creó el Estado tibetano. Aquí no es el clima y la tierra quienes engendran el budismo, sino al revés, el budismo como necesidad humana, esto es, innecesaria, quien modifica el clima y la tierra mediante la técnica de la construcción.

Sirva al paso lo dicho como un buen ejemplo de la solidaridad que existe entre las técnicas; quiero decir de la facilidad con que un artefacto ideado para servir una determinada finalidad se desplaza hacia otras utilizaciones. Más arriba vimos cómo el arco primitivo, probablemente musical, se convierte en arma de caza y pelea. Parejo es el caso de Tirteo, aquel ridículo general que los atenienses prestaron a los espartanos. Viejo y cojo, era, además, por el estilo anticuado de sus elegías, el hazmerreír de la juventud vanguardista en el Ática. Pero llega a Esparta y desde entonces los desmoralizados lacedemonios comienzan a ganar todas las batallas. ¿Por qué? Pues, por lo pronto, por una razón técnica de táctica. Las elegías de Tirteo estaban compuestas en un ritmo arcaico, que, por ser muy claro y pronunciado, facilitaba la unidad de marcha y movimiento en la falange. He aquí una técnica poética que se transforma en ingrediente creador dentro de la técnica militar.

Pero no nos perdamos. Intentábamos brevemente confrontar la situación del hombre cuando es, como proyecto, bodhisatva, con la del hombre cuando se propone ser *gentleman*. La oposición es radical. Basta para advertirlo que insinuemos algunos rasgos constituyentes del *gentleman*. Antes conviene notar que el *gentleman* no es el aristócrata. Sin duda fueron los aristócratas ingleses los que principalmente idearon este modo de ser hombre, pero inspirados por lo que diferencia al aristócrata inglés de todas las demás clases de nobles. Mientras las demás son cerradas como clases, y además cerradas en cuanto al tipo de ocupaciones a que se dignaban dedicarse —guerra, política, diplomacia, deporte y alta dirección de la economía agrícola—, el aristócrata inglés, desde el siglo XVI, acepta la lucha en el terreno económico del comercio, de la industria y de las carreras liberales. Como la historia iba a consistir desde entonces principalmente en estas faenas, ha sido la única que se salvó, manteniéndose en la brecha de la plena eficiencia. De aquí que al llegar el siglo XIX créase un prototipo de existencia —el *gentleman*— que vale para todo el mundo. El burgués y el obrero pueden, en cierta medida, ser *gentleman*; es más, pase lo que pase en un futuro, acaso inmediato, quedará como una de las maravillas de la historia el hecho de que hoy, hasta el obrero más modesto de Inglaterra, es, en su órbita, un *gentleman*. Ese modo de ser hombre no implica, pues, aristocratismo. El aristócrata continental de los últimos cuatro siglos es, ante todo, heredero: el hombre que ha heredado grandes medios de vida, pero no ha tenido que luchar en ésta para conquistarlos. El *gentleman* como tal, no es el heredero; al contrario, supone que el hombre tiene que luchar en la vida, que ejercitar todas las profesiones y oficios, sobre todo los prácticos (el *gentleman* no es intelectual), y precisamente en esa lucha tiene que ser *gentleman*. El polo opuesto al *gentleman* es el *gentilhomme* de Versalles o el *Junker* alemán.

VII

EL TIPO «*GENTLEMAN*».— SUS EXIGENCIAS TÉCNICAS.— EL «*GENTLEMAN*» Y EL «HIDALGO»

Pero, ¿qué es ser *gentleman*? El camino más rápido para comprenderlo —ya que necesitamos ahorrar al extremo el número de palabras— se nos ofrece si, exagerando las cosas, decimos: el comportamiento que el hombre suele adoptar durante los breves momentos en que las penosidades y apremios de la vida dejan de abrumarle y se dedica, para distraerse, a un juego aplicado al resto de la vida, es decir, a lo serio, a lo penoso de la vida; eso es el *gentleman*. Aquí se ve también en forma hiriente, por lo paradójica, en qué sentido el programa vital es extranatural. Porque los juegos y los modos de comportamiento que en ellos rigen son pura invención, frente al tipo de vida que la naturaleza da por sí. Aquí, aun dentro de la vida humana misma, se invierten los términos y se propone que el hombre sea en su existencia forzada, de lucha con el medio, según es en el rincón irreal y puramente inventado de sus juegos y deportes.

Ahora bien, cuando el hombre se dedica a jugar suele ser porque se siente seguro en lo que respecta a las urgencias elementales del vivir. El juego es un lujo vital y supone previo dominio sobre las zonas inferiores de la existencia, que éstas no aprieten, que el ánimo, sintiéndose sobrado de medios, se mueva en tan amplio margen de serenidad, de calma, sin el azoramiento y feo atropellarse a que lleva una vida escasa, en que todo es terrible problema. Un ánimo así se complace en su propia elasticidad y se da el lujo de jugar limpio, el *fair play*, de ser justo, de defender sus derechos, pero respetando los del prójimo, de no mentir. Mentir en el juego es falsificar el juego y, por tanto, no jugar. Asimismo, el juego es un esfuerzo, pero que no siendo provocado por el premioso utilitarismo que inspira el esfuerzo impuesto por una circunstancia del trabajo, va reposando en sí mismo sin ese desasosiego que infiltra en el trabajo la necesidad de conseguir a toda costa su fin.

De aquí las maneras del *gentleman*; su espíritu de justicia, su veracidad, el pleno dominio de sí fundado en el previo dominio de lo que le rodea, la clara conciencia de lo que es su derecho personal frente a los demás y del de los demás frente a él; es decir, de sus deberes. Para él no tiene sentido la trampa. Lo que se hace hay que hacerlo bien y no preocuparse de más. El producto industrial inglés se caracteriza por estas calidades: es todo en él bueno, sólido, acabado, la materia prima y la mano de obra. No está hecho para venderlo sea como sea, es lo contrario de la pacotilla. Sabido es que el fabricante inglés no se amoldaba, como luego el alemán, a los gustos y caprichosas exigencias de los clientes, sino al revés, esperaba con gran pachorra que el cliente se acomodase a su producto. No hacía, apenas, propaganda, que es siempre falsedad, juego sucio y retórica. El buen paño en el arca se vende. Y lo mismo en política: nada de frases, farsas, provocación vil de contagios demagógicos —nada de intolerancia—, pocas leyes, porque la ley una vez escrita se convierte en el imperio de puras palabras, que como no se pueden literalmente cumplir, obliga a la indecencia gubernamental que falsea su propia ley. Un pueblo de *gentleman* no necesita constitución; por eso, en rigor, Inglaterra se ha pasado muy bien sin ella, etcétera.

Como se ve, el *gentleman* en oposición al bodhisatva quiere vivir con intensidad en este mundo y ser lo más individuo que pueda, centrarse en sí mismo y nutrirse de una sensación de independencia frente a todo. En el cielo no tiene sentido ser *gentleman*, porque allí la existencia misma sería efectivamente la delicia de un juego y el *gentleman* a lo que aspira es a ser un buen jugador en la aspereza mundanal, en lo más rudo de la ruda realidad. De aquí que el elemento principal y, por decirlo así, la atmósfera del ser *gentleman* reside en una sensación básica de holgura vital, de dominio superabundante sobre la circunstancia. Si ésta ahoga, no es posible educarse hacia la *gentlemanerie.* Por esto, este hombre que aspira a hacer de la existencia un juego y un deporte, es lo contrario de un iluso; precisamente porque quiere eso sabe que la vida es cosa dura, seria y difícil. Por ello se ocupará a fondo en asegurarse ese dominio sobre la circunstancia —dominio sobre la materia— y sobre los hombres. De aquí que haya sido el gran técnico y el gran político. Su afán de ser individuo y de dar a su destino mundanal la gracia de un juego le ha hecho sentir la necesidad de separarse hasta físicamente de los demás y de las cosas y atender al cuidado de su cuerpo ennobleciendo sus funciones más humildes.

El aseo, el cambio de camisa, el baño —desde los romanos, en Occidente no se lavaba nadie—, serán cosas que tome el *gentleman* con gran formalidad. Séame perdonado recordar que el *water-closet* nos viene de Inglaterra. Un hombre de módulo muy intelectual no hubiera nunca ideado el *water-closet*, porque despreciaba su cuerpo. El *gentleman*, repito, no es intelectual. Busca el *decorum* en toda su vida: alma limpia y cuerpo limpio.

Pero, claro es, todo esto supone riqueza; el ideal del *gentleman* llevó, en efecto, a crear una enorme riqueza, y a la vez la supuso. Sus virtudes sólo pueden respirar y abrir sus alas en un amplio margen de poderío económico. Y, efectivamente, no se logró de hecho el tipo de *gentleman* hasta mediados del siglo último, cuando el inglés gozaba de una riqueza formidable. El obrero inglés puede, en alguna medida, ser *gentleman* porque gana más que el burgués medio de otros países.

Sería de gran interés que alguien bien dotado y que de antiguo posea intimidad con las cosas inglesas, se ocupase en estudiar cuál es el estado en que hoy se encuentra el sistema de normas vitales que hemos llamado *gentleman*. En los últimos veinte años la situación económica del hombre inglés ha cambiado; hoy es mucho menos rico que a comienzos del siglo. ¿Cabe ser pobre y, *sin embargo*, ser inglés? ¿Pueden subsistir sus virtudes características en un ámbito de escasez?

He oído que precisamente en las clases superiores inglesas se advierte la decadencia del tipo *gentleman*, coincidiendo con el descenso de las técnicas específicas del hombre británico y con la atroz mengua de las fortunas aristocráticas. Pero no garantizo al lector la exactitud de estas noticias. La incapacidad para percibir con precisión los fenómenos sociales que padecen aún las personas en apariencia más inteligentes es incalculable.

De todas suertes, hay que ir pensando en un tipo ejemplar de vida que conserve lo mejor del *gentleman* y sea, a la vez, compatible con la pobreza que inexorablemente amenaza a nuestro planeta. En los ensayos mentales que para construir esa nueva figura ejecute el lector, surgirá inevitablemente, como término de comparación, otro gran perfil histórico, en algunos rasgos el más próximo al *gentleman* y que, no obstante, lleva en sí la condición de florecer en tierra de pobreza. Me refiero al «hidalgo». Su diferencia más grave del *gentleman* consiste en que el «hidalgo» no trabaja, reduce al extremo sus necesidades materiales y, en consecuencia, no crea técnicas. Vive alojado en la miseria como esas plantas del desierto que saben vegetar sin humedad. Pero es no menos incuestionable que supo dar a esas terribles condiciones de existencia una solución digna. Por la dimensión de dignidad se enlaza con el *gentleman*, su hermano más afortunado.

VIII

LAS COSAS Y SU «SER».— LA PRE-COSA.— EL HOMBRE, EL ANIMAL Y LOS INSTRUMENTOS.— LA EVOLUCIÓN DE LA TÉCNICA

He gastado este poco de tiempo en desarrollar, aunque brevísimamente, los anteriores ejemplos, movido por el afán de que no quedase abstracto y confuso en la mente de ustedes qué sea ese programa, ese ser extranatural del hombre, en realizar el cual consiste nuestra vida, y, por otra parte, mostrar, aunque sea muy vagamente, cierta funcionalidad entre la cuantía o dirección de la técnica y el modo de ser hombre que se ha escogido. Por supuesto que todo este problema de la vida, del ser del hombre, tiene una última dimensión estrictamente filosófica, que yo he procurado eludir en este ensayo. Me urgía en él subrayar aquellos supuestos o implicaciones que el hecho de la técnica contiene y que suelen pasar desapercibidos, no obstante constituir lo más esencial en la esencia de la técnica. Porque una cosa es, ante todo, la serie de condiciones que la hacen posible —Kant decía «condiciones de su posibilidad», y, más sobria y claramente, Leibniz sus «ingredientes», sus «requisitos». Y es curioso observar que de ordinario esos más auténticos ingredientes o requisitos de una cosa son los que nos pasan inadvertidos, los que dejamos a nuestra espalda, como si no fueran lo que son: el ser más profundo de la cosa. Con casi toda seguridad algunos de ustedes, que pertenezcan a un tipo de oyentes cuya psicología no quiero hacer ahora, para quienes oír es ir a buscar lo que ellos ya saben, sea en detalle, sea en vaga aproximación, en vez de, por lo pronto, ya que han decidido escuchar, abrirse sin más a lo que venga, cuanto más imprevisto, mejor; ésos, digo, habrán pensado: Bueno, pero eso no es la técnica yo no veo ahí la técnica en su realidad, que es funcionando. No se advierte que, en efecto, para responder a la pregunta:

¿Qué es tal cosa?, lo que hacemos es deshacerla; precisamente recurrir de su forma, tal y como está ahí funcionando, a sus ingredientes, que procuramos aislar y definir. Y claro está que, suelto, cada uno de los ingredientes no es la cosa: ésta es el resultado de sus ingredientes, y para que esté ahí funcionando es preciso que los ingredientes desaparezcan de nuestra vista como tales y sueltos. Para que veamos agua es preciso que desaparezcan ante nosotros el hidrógeno y el oxígeno. La definición de una cosa, al enumerar sus ingredientes, sus supuestos, lo que ella implica si ha de ser —se convierte, por tanto, en algo así como la pre-cosa. Pues esa pre-cosa es el ser de la cosa, y es lo que hay que buscar, porque ésta ya está ahí: no hay que buscarla. En cambio, el ser y la definición, la precosa, nos muestra la cosa en *statu nascendi*, y sólo se conoce bien lo que, en uno u otro sentido, se ve nacer.

Los supuestos por mí subrayados hasta aquí no son, ciertamente, los únicos, pero son los más radicales; por lo mismo, los más ocultos y, en consecuencia, los que suelen pasar más desapercibidos.

En cambio, a todo el mundo se le ocurre advertir que si el hombre no tuviese inteligencia capaz de descubrir nuevas relaciones entre las cosas que le rodean, no inventaría instrumentos ni métodos ventajosos para satisfacer sus necesidades. Por lo mismo que esto es obvio, no urgía decirlo. Es tan obvio, que se pasa y lleva a un error: a creer que cuando un ente posee una cierta clase de actividad, basta el hecho de que la posee para explicar que la ejercite. A pesar de que con harta frecuencia observamos hombres que tienen ojos para ver y que, no obstante, no ven lo que les pasa por delante, merced, sencillamente, a que están absortos meditando algo. Aunque pueden ver, no ven; no ejercitan esta actividad, porque no les interesa lo que pase por delante de ellos y, en cambio, les interesa lo que pasa en su interior. Hay quien tiene talento para matemáticas, pero no lo ejercita porque no le interesa.

No basta, pues, poder hacer algo para que lo hagamos, ni basta que el hombre posea inteligencia técnica para que la técnica exista. La inteligencia técnica es una capacidad, pero la técnica es el ejercicio efectivo de esa capacidad, que muy bien podía quedar en vacación. Y la cuestión importante no es apuntar si el hombre tiene tal o cual aptitud para la técnica, sino por qué se da el hecho de ésta y ello sólo se hace inteligible cuando se descubre que el hombre, quiera o no, tiene que ser técnico, sean mejores o peores sus dotes para ello. Y eso es lo que he intentado hacer en las lecciones anteriores.

Es muy obvio, repito, hablar de la inteligencia en cuanto se habla de la técnica, y con excesiva celeridad atribuir a aquélla la distancia entre el hombre y el animal. No se puede hoy con la misma tranquila convicción que hace un siglo, definir al hombre como hace Franklin, llamándole *animal instrumentificum, animal tools making*. No sólo en los famosos estudios de Köhler sobre los chimpancés, sino en otras muchas provincias de la psicología animal, aparece más o menos problemáticamente la capacidad del animal para producir instrumentos elementales. Lo importante en todas estas observaciones es advertir que la inteligencia estrictamente requerida para la invención del instrumento parece existir en él. La insuficiencia, lo que en efecto hace imposible al animal llegar con eficaz plenitud a la posesión del instrumento, no está, pues, en la inteligencia *sensu stricto*, sino en otro lado de su condición. Así Köhler muestra que lo esencialmente defectuoso del chimpancé es la memoria, su incapacidad de conservar lo que poco antes le ha pasado y, consecuentemente, la escasísima materia que ofrece a su inteligencia para la combinación creadora.

Sin embargo, la diferencia decisiva entre el animal y el hombre no está tanto en la primaria que se encuentra comparando sus mecanismos psíquicos, sino en los resultados que esta diferencia primaria trae consigo y que dan a la existencia animal una estructura completamente distinta de la humana. Si el animal tiene poca imaginación, será incapaz de formarse un proyecto de vida distinto de la mera reiteración de lo que ha hecho hasta el momento. Basta esto para diferenciar radicalmente la realidad vital de uno y otro ente. Pero si la vida no es realización de un proyecto, la inteligencia se convierte en una función puramente mecánica, sin disciplina ni orientación. Se olvida demasiado que la inteligencia, por muy vigorosa que sea, no puede sacar de sí su propia dirección; no puede, por tanto, llegar a verdaderos descubrimientos técnicos. Ella, por sí, no sabe cuáles, entre las infinitas cosas que se pueden «inventar», conviene preferir, y se pierde en sus infinitas posibilidades. Sólo en una entidad donde la inteligencia funciona al servicio de una imaginación, no técnica, sino creadora de proyectos vitales, puede constituirse la capacidad técnica.

Lo dicho hasta aquí, entre sus múltiples intenciones, llevaba una: la de reobrar contra una tendencia, tan espontánea como excesiva, reinante en nuestro tiempo, a creer que, en fin de cuentas, no hay verdaderamente más que una técnica, la actual europeo-americana, y que todo lo demás fue sólo torpe rudimento y balbuceo hacia ella. Yo necesitaba contrarrestar esta tendencia y sumergir la técnica actual como una de tantas en el panorama vastísimo y multiforme de las humanas técnicas, relativizando así su sentido y mostrando cómo a cada proyecto y módulo de humanidad corresponde la suya. Pero una vez hecho eso, claro está que necesito destacar lo que la técnica actual tiene de peculiar, lo que en ella da lugar precisamente a ese espejismo que, con algún viso de verdad, nos la presenta como la técnica por antonomasia. Por muchas razones, en efecto, la técnica ha llegado hoy a una colocación, en el sistema de factores integrantes de la vida humana, que no había tenido nunca. La importancia que siempre le ha correspondido, aun aparte de los razonamientos en que he procurado demostrarla, trasparecería sin más en el simple hecho de que, cuando el historiador toma ante sus ojos vastos ámbitos de tiempo, se encuentra con que no puede denominarlos si no es aludiendo a la peculiaridad de su técnica. La edad más primitiva de la humanidad, que inciertamente, como entre dos luces, logra entreverse, se llama la edad auroral de la piedra o eolítica —luego es la edad de la piedra vieja e impoluta, paleolítica, la edad del bronce, etcétera. Pues bien, no sería descaminado situar en esa lista nuestro tiempo, calificándolo como la edad, no de esta o la otra técnica, sino simplemente de la «técnica» como tal. ¿Qué ha pasado en la evolución de la capacidad técnica del hombre para que llegue una época en que, a pesar de haber sido él siempre técnico, merezca con alguna congruencia ser fichada formalmente por la técnica? Evidentemente, esto no ha podido acontecer sino porque la relación entre el hombre y la técnica se ha elevado a una potencia peculiarísima que conviene precisar, y esa elevación, a su vez, sólo ha podido producirse porque la función técnica misma se haya modificado en algún sentido muy sustancial.

Para hacernos cargo, pues, de lo que es nuestra técnica, conviene de intento destacar su peculiar silueta sobre el fondo de todo el pasado técnico del hombre; en suma, conviene dibujar, aunque sea somerísimamente, los grandes cambios que la función técnica misma ha sufrido o, dicho todavía con otras palabras, sería oportuno definir los grandes estadios en la evolución de la técnica. De este modo, haciendo algunos cortes en el pasado o peraltando algunos jalones, ese pretérito confuso adquirirá perspectiva y movimiento; nos dejará ver de dónde, de qué formas ha ido viniendo y hacia dónde, a qué forma ha ido llegando la técnica.

IX

LOS ESTADIOS DE LA TÉCNICA

El asunto es difícil y yo he vacilado no poco antes de decidirme por uno u otro principio siguiendo al cual pudiésemos distinguir esos estadios. Desde luego, hay que rechazar el que fuera más obvio: segmentar la evolución fundándose en la aparición de tal o cual invento que se considera muy importante y característico. Todo lo que vengo diciendo en este ensayo conspira a la corrección del error tópico que cree que lo importante en la técnica es este o el otro invento. ¿Qué es el de mayor calibre que se pueda citar en comparación con la mole enorme de la técnica toda en una época? Lo que ésta sea en su modo general es lo verdaderamente importante, lo que puede significar un cambio o avance sustantivos. No hay ningún invento que sea, en última instancia, importante, medido con las dimensiones gigantes de la evolución integral. Además, ya hemos visto cómo técnicas magníficas se pierden después de logradas o desaparecen definitivamente —se entiende hasta la fecha— o hubo que redescubrirlas. Además, no basta que se invente algo en cierta fecha y lugar para que el invento represente su verdadero significado técnico. La pólvora y la imprenta, dos de los descubrimientos que parecen más importantes, existían en China siglos antes de que sirviesen para nada apreciable. Sólo en el siglo XV y en Europa, probablemente en Lombardía, se hace la pólvora una potencia histórica, y en Alemania, por el mismo tiempo, la imprenta. En vista de ello, ¿cuándo diremos que se han inventado ambas técnicas? Evidentemente, sólo integradas en el cuerpo general de la técnica fin-medieval e inspiradas por el programa vital del tiempo traspasan el umbral de la eficiencia histórica. La pólvora como arma de fuego y la imprenta son auténticamente contemporáneas de la brújula y el compás: los cuatro, como pronto se advierte, de un mismo estilo, muy característico de esta hora entre gótica y renacentista que va a culminar en Copérnico. Noten ustedes que esos cuatro inventos obtienen la unión del hombre con lo distante —son la técnica de la *actio in distans*—, que es el subsuelo de la técnica actual. El cañón pone en contacto inmediato a los enemigos lejanos; la brújula y el compás al hombre con el astro y los puntos cardinales; la imprenta al individuo solitario, ensimismado con esa perferia infinita —en espacio y tiempo—, infinita en el sentido de no finito —que es la humanidad de posibles lectores.

A mi entender, un principio radical para periodizar la evolución de la técnica es atender la relación misma entre el hombre y su técnica o, dicho en otro giro, a la idea que el hombre ha ido teniendo de su técnica, no de ésta o la otra determinadas, sino de la función técnica en general. Veremos cómo este principio no sólo aclara el pasado, sino que de un golpe ilumina las dos cuestiones enunciadas por mí: el cambio sustantivo que engendró nuestra técnica actual y por qué ocupa ésta en la vida humana un papel sin par al representado en ningún otro tiempo.

Partiendo de este principio podemos distinguir tres enormes estadios en la evolución de la técnica:

1.º La técnica del azar.

2.º La técnica del artesano.

3.º La técnica del técnico.

La técnica que llamo del azar, porque el azar es en ella el técnico, el que proporciona el invento, es la técnica primitiva del hombre pre y protohistórico y del actual salvaje —se entiende, de los grupos menos avanzados—, como los Vedas de Ceylán, los Semang de Borneo, los pigmeos de Nueva Guinea y Centro África, los australianos, etcétera. ¿Cómo se presenta la técnica a la mente de este hombre primitivo? La respuesta puede ser aquí sobremanera taxativa: el hombre primitivo ignora su propia técnica como tal técnica; no se da cuenta de que entre sus capacidades hay una especialísima que le permite reformar la naturaleza en el sentido de sus deseos.

En efecto:

1.° El repertorio de actos técnicos que usufructúa el primitivo es sumamente escaso y no llega a formar un cuerpo suficientemente voluminoso para que pueda destacar y diferenciarse del repertorio de actos naturales que es en su vida incomparablemente mayor que aquél. Esto equivale a decir que el primitivo es mínimamente hombre y casi todo él puro animal. Los actos técnicos, pues, se desperdigan y sumergen en el conjunto de sus actos naturales y se presentan a su mente como perteneciendo a su vida no técnica. El primitivo se encuentra con que puede hacer fuego lo mismo que se encuentra con que puede andar, nadar, golpear, etcétera. Y como los actos naturales son un repertorio fijo y dado de una vez para siempre, así también sus actos técnicos. Desconoce por completo el carácter esencial de la técnica que consiste en ser ella una capacidad de cambio y progreso, en principio, ilimitados.

2.° La sencillez y escasez de esa técnica primigenia traen consigo que sean ejercitados sus actos por todos los miembros de la colectividad. Todos hacen fuego, elaboran arcos y flechas, etcétera. Es decir, que la técnica no parece destacada ni siquiera por el hecho que va a constituir la segunda etapa en la evolución, a saber, que sólo ciertos hombres —los artesanos— saben hacer determinadas cosas. La única diferenciación que se produce muy pronto estriba en que las mujeres se ocupan en ciertas faenas técnicas y los varones en otras. Pero esto no basta para aislar el hecho técnico como algo peculiar a los ojos del primitivo, porque también el repertorio de actos naturales es un poco diferente en la mujer y en el varón. Que la mujer cultive campo —fue la mujer la inventora de la técnica agrícola— le parece tan natural como que de cuando en cuando se ocupe en parir.

3.° Pero tampoco cobra conciencia de la técnica en su momento más característico y delator —en la invención. El primitivo no sabe que puede inventar, y porque no lo sabe, su inventar no es un previo y deliberado buscar soluciones. Como antes sugerí, es más bien la solución quien le busca a él. En el manejo constante e indeliberado de las cosas circundantes se produce de pronto, por puro azar, una situación que da un resultado nuevo y útil. Por ejemplo, rozando por diversión o prurito un palo con otro brota el fuego. Entonces el primitivo tiene una súbita visión de un nuevo nexo entre las cosas. El palo, que era algo para pegar, para apoyarse, aparece como algo nuevo, como lo que produce fuego. El primitivo, así tenemos que imaginarlo, queda anonadado, porque siente como si la naturaleza de improviso hubiese hecho penetrar en él uno de sus misterios. Ya el fuego era para él un poder divinoide del mundo y le suscitaba emociones religiosas. El nuevo hecho, el palo que hace fuego, se carga por una y otra razón de sentido mágico. Todas las técnicas primitivas tienen originariamente un halo mágico y sólo son técnicas para aquel hombre por lo que tienen de magia. Ya veremos luego cómo la magia es, en efecto, una técnica, aunque fallida e ilusoria.

Este hombre, pues, no se sabe a sí mismo como inventor de sus inventos. La invención le aparece como una dimensión más de la naturaleza —el poder que ésta tiene de proporcionarle ella a él, y no al revés, ciertos poderes. La producción de utensilios no le parece provenir de él, como no provienen de él sus manos y sus piernas. No se siente *homo faber*. Se encuentra, pues, en una situación muy parecida a la que Köhler describe cuando el chimpancé cae súbitamente en la cuenta de que un palo que tiene en la mano puede servir para un cierto fin antes insospechado. Köhler la llama «impresión del ¡ajá!», ya que ésta es la expresión del hombre cuando de pronto se le hace patente una nueva relación posible entre las cosas. Se trataría, pues, de la ley biológica llamada *trial and error*, ensayo y error, aplicada al orden consciente. El infusorio «ensaya» innumerables posturas y encuentra que una de ellas le produce efectos favorables. Entonces la fija como hábito.

Pero volviendo a la técnica primitiva. Se da, pues, en el hombre todavía como naturaleza. La expresión más propia de ella sería decir que verosímil-

mente las invenciones del hombre auroral, producto del puro azar, obedecen al cálculo de probabilidades; es decir, que dado el número de combinaciones espontáneas que son posibles entre las cosas corresponde a ellas una cifra de probabilidad para que se le presenten un día en forma tal que él vea en ellas preformado un instrumento.

X

LA TÉCNICA COMO ARTESANÍA.— LA TÉCNICA DEL TÉCNICO

Pasemos al segundo estadio: la técnica del artesano. Es la técnica de la vieja Grecia, es la técnica de la Roma pre-imperial y de la Edad Media. He aquí, en rapidísima enumeración, algunos de sus caracteres:

1.º El repertorio de actos técnicos ha crecido enormemente. No tanto, sin embargo —es importante advertirlo—, para que la súbita desaparición, crisis o atasco de las técnicas principales hiciera materialmente imposible la vida de las colectividades. Más claro aún: la diferencia entre la vida que lleva el hombre en este estadio con todas sus técnicas y la que llevaría sin ellas, no es tan radical que impidiera, fallidas o suspensas aquéllas, retrotraerse a una vida primitiva o cuasi primitiva. Aun la proporción entre lo no técnico y lo técnico no es tal que lo técnico se haya hecho la base absoluta de sustentación. No: aun la base sobre que el hombre se apoya es lo natural —por lo menos, y esto es lo importante, así lo siente él—, y por eso, cuando comienzan las crisis técnicas, no se da cuenta de que éstas van a imposibilitar la vida que lleva; por eso no reacciona a tiempo y enérgicamente ante aquellas crisis.

Pero hecha esta salvedad y comparando la nueva situación técnica que este segundo estadio representa con la primitiva, conviene subrayar lo contrario: el enorme crecimiento de los actos técnicos. No pocos de éstos se han hecho tan complicados que no puede ejercitarlos todo el mundo y cualquiera. Es preciso que ciertos hombres se encarguen a fondo de ellos, dediquen a ellos su vida: son los artesanos. Pero esto acarrea que el hombre adquiera ya una conciencia de la técnica como algo especial y aparte. Ve la actuación del artesano —zapatero, herrero, albañil, talabartero, etcétera—, y entiende la técnica bajo la especie o figura de los técnicos que son los artesanos; quiero decir: aun no sabe que hay técnica, pero ya sabe que hay técnicos-hombres que poseen un repertorio peculiar de actividades que no son, sin más ni más, las generales y naturales en todo hombre. La lucha tan moderna de Sócrates con las gentes de su tiempo empieza por querer convencerles de que la técnica no es el técnico, sino una capacidad *sui generis*, abstracta, peculiarísima, que no se confunde con este hombre determinado o con aquel otro. Para ellos, al contrario, la zapatería no es sino una destreza que poseen ciertos hombres llamados zapateros. Esa destreza podría ser mayor o menor y sufrir algunas pequeñas variaciones, exactamente como acontece con las destrezas naturales, el correr y el nadar, por ejemplo; mejor aún, como el volar del pájaro y el cornear del toro. Bien entendido, ellos saben ya que la zapatería no es natural —quiero decir no es animal—, sino algo exclusivo del hombre, pero que lo posee como un dote fijo y dado de una vez para siempre. Lo que tiene de sólo humano es lo que tiene de extra-natural, pero lo que tiene de fijo y limitado le da un carácter de naturaleza —pertenece, pues, la técnica a la naturaleza del hombre—, es un tesoro definido y sin ampliaciones sustantivas posibles. Lo mismo que el hombre se encuentra al vivir instalado en el sistema rígido de los movimientos de su cuerpo, así se encuentra instalado, además, en el sistema fijo de las artes, que es como se llaman en pueblos y épocas de este estadio las técnicas. El sentido propio de *techne* en griego es ése.

2.° Tampoco el modo de adquisición de las técnicas favorece la clara conciencia de ésta como función genérica e ilimitada. En este estadio se da aún menos que en el primitivo —aunque de pronto pensaría uno lo contrario—, ocasión para que el hecho de inventar haga surgir en la memoria la idea clara, aislada, exenta, de lo que la técnica es en verdad. Al fin y al cabo, los pocos inventos primitivos, tan fundamentales, debieron destacarse melodramáticamente sobre la cotidianeidad de los hábitos animales. Pero en la artesanía no se concibe la conciencia del invento. El artesano tiene que aprender en largo aprendizaje —es la época de maestros y aprendices— técnicas que ya están elaboradas y vienen de una insondable tradición. El artesano va inspirado por la norma de encajarse en esa tradición como tal: está vuelto al pasado y no abierto a posibles novedades. Sigue el uso constituido. Se producen, sin embargo, modificaciones, mejoras, en virtud de un desplazamiento continuo y por lo mismo imperceptible; modificaciones, mejoras, que se presentan con el carácter, no de innovaciones sustantivas, sino, más bien, como variaciones de estilo en las destrezas. Estos estilos de tal o cual maestro se transmiten en forma de escuelas; por tanto, con el carácter formal de tradición.

3.° Otra razón hay, y decisiva, para que la idea de la técnica no se desprenda y aísle de la idea del hombre que la ejercita, y es que todavía el inventor sólo ha llegado a producir instrumentos y no máquinas. Esta distinción es esencial. La primera máquina propiamente tal, y con ello anticipo el tercer estadio, es el telar de Robert creado en 1825. Es la primera máquina, porque es el primer instrumento que actúa por sí mismo y por sí mismo produce el objeto. Por eso se llamó *self-actor*, y de aquí *selfatinas*. La técnica deja de ser lo que hasta entonces había sido, manipulación, maniobra, y se convierte *sensu stricto* en fabricación. En la artesanía el utensilio o trebejo es sólo suplemento del hombre. Éste, por tanto el hombre con sus actos «naturales», sigue siendo el actor principal. En la máquina, en cambio, pasa el instrumento a primer plano y no es él quien ayuda al hombre, sino al revés: el hombre quien simplemente ayuda y suplementa a la máquina. Por eso ella, al trabajar por sí y desprenderse del hombre, ha hecho a éste caer intuitivamente en la cuenta de que la técnica es una función aparte del hombre natural, muy independiente de éste y *no atenida a los límites de éste*. Lo que un hombre con sus actividades fijas de animal puede hacer, lo sabemos de antemano: su horizonte es limitado. Pero lo que pueden hacer las máquinas que el hombre es capaz de inventar es, en principio, ilimitado.

4.° Pero aún queda un rasgo de la artesanía que contribuye profundamente a impedir la conciencia adecuada de la técnica y, como los rasgos anteriores, tapa el hecho técnico en su pureza. Y es que toda técnica consiste en dos cosas: una, invención de un plan de actividad, de un método, procedimiento —*mechané*, decían los griegos—, y otra, ejecución de ese plan. Aquélla es en estricto sentido la técnica; ésta es sólo la operación y el obrar. En suma: hay el técnico y hay el obrero que ejercen en la unidad de la faena técnica dos funciones muy distintas. Pues bien: el artesano es, a la par e indivisamente, el técnico y el obrero. Y lo que más se ve de él es su maniobra y lo que menos su «técnica» propiamente tal. La disociación del artesano en sus dos ingredientes, la separación radical entre el obrero y el técnico, es uno de los síntomas principales del tercer estadio.

Hemos anticipado alguno de sus caracteres. Le hemos denominado «la técnica del técnico». El hombre adquiere la conciencia suficientemente clara de que posee una cierta capacidad por completo distinta de las rígidas, inmutables, que integran su porción natural o animal. Ve que la técnica no es un azar, como en el estadio primitivo, ni un cierto tipo dado y limitado de hombre —el artesano—; que la técnica no es esta técnica ni aquélla determinadas y, por lo tanto, fijas, sino precisamente un hontanar de actividades humanas, en principio, ilimitadas. Esta nueva conciencia de la técnica como tal coloca al hombre, por vez primera, en una situación radicalmente distinta de la que nunca experimentó; en cierto modo, antitética. Porque hasta ella había predominado en la idea que el hombre tenía de su vida la conciencia de todo lo que no podía hacer, de lo que era incapaz de hacer; en suma, de su debilidad y de su limitación. Pero la idea que hoy tenemos de la técnica —reavive ahora cada uno de ustedes esa idea que tiene— nos coloca en la situación tragicómica —es decir, cómica, pero también trágica— de que cuando se nos ocurre la cosa más extravagante nos sorprendemos en azoramiento porque en nuestra última sinceridad no nos atrevemos a asegurar que esa extravagancia —el viaje a los astros, por ejemplo— es imposible de realizar. Tememos que, a lo mejor, en el momento de decir eso, llegase un periódico y nos comunicara que, habiéndose logrado proporcionar a un proyectil una velocidad de salida superior a la fuerza de gravedad, se había colocado un objeto terrestre en las inmediaciones de la Luna. Es decir, que el hombre está hoy, en su fondo, azorado precisamente por la conciencia de su principal ilimitación. Y acaso ello contribuye a que no sepa ya quién es —porque al hallarse, en principio, capaz de ser todo lo imaginable, ya no sabe qué es lo que efectivamente es. Y por si se me olvida o no tengo tiempo de decirlo, aun cuando pertenece a otro capítulo, aprovecho el conexo para hacer observar a ustedes que la técnica, al aparecer por un lado como capacidad, en principio ilimitada, hace que al hombre, puesto a vivir de fe en la técnica y sólo en ella, se le vacíe la vida. Porque ser técnico y sólo técnico es poder serlo todo y consecuentemente no ser nada determinado. De puro llena de posibilidades, la técnica es mera forma hueca —como la lógica más formalista—; es incapaz de determinar el contenido de la vida. Por eso estos años en que vivimos, los más intensamente técnicos que ha habido en la historia humana, son de los más vacíos.

XI

RELACIÓN EN QUE EL HOMBRE Y SU TÉCNICA SE ENCUENTRAN HOY.— EL TÉCNICO ANTIGUO

Hemos visto cómo el estadio de evolución técnica en que hoy nos hallamos se caracteriza: 1.° Por el fabuloso crecimiento de actos y resultados técnicos que integran la vida actual. Mientras en la Edad Media, en la época del artesano, la técnica y la naturalidad del hombre parecían compensarse y la ecuación de condiciones en que la existencia se apoyaba le permitía beneficiar ya del don humano para adaptar el mundo al hombre, pero sin que ello llevase a desnaturalizarle, hoy los supuestos técnicos de la vida superan gravemente los naturales, de suerte tal que materialmente el hombre no puede vivir sin la técnica a que ha llegado. Esto no es una manera de decir, sino que significa una verdad literal. En uno de mis libros he destacado, como uno de los datos que el hombre contemporáneo debe mantener más vivaces en su mente, el hecho siguiente: Europa desde el siglo V hasta 1800 —por tanto, en trece siglos— no consigue llegar a más de 180 millones de habitantes. Pues bien, de 1800 a la hora presente, por tanto, en poco más de un solo siglo, ha alcanzado la cifra de unos 500 millones de hombres, sin contar los millones que ha centrifugado a la emigración. En un solo siglo ha crecido, pues, tres veces y media. Y es evidente que cualesquiera sean las causas adyacentes de tan prodigioso fenómeno —el hecho de que hoy *puedan* vivir bien tres veces y media más de hombres en el mismo espacio en que antes malvivían tres veces y media menos—, la causa inmediata y el supuesto menos eludible es la perfección de la técnica. Si ésta retrocediese súbitamente, cientos de millones de hombres dejarían de existir.

La proliferación sin par de la planta humana acontecida en ese siglo es probablemente el origen de no pocos conflictos actuales. Hecho tal sólo podía acontecer cuando el hombre había llegado a interponer entre la naturaleza y él una zona de pura creación técnica tan espesa y profunda que vino a constituir una sobrenaturaleza. El hombre de hoy —no me refiero al individuo, sino a la totalidad de los hombres— no puede elegir entre vivir en la naturaleza o beneficiar esa sobrenaturaleza. Está ya irremediablemente adscrito a ésta y colocado en ella como el hombre primitivo en su contorno natural. Y esto tiene un riesgo entre otros: como al abrir los ojos a la existencia se encuentra el hombre rodeado de una cantidad fabulosa de objetos y procedimientos creados por la técnica que forman un primer paisaje artificial tan tupido que oculta la naturaleza primaria tras él, tenderá a creer que, como ésta, todo aquello está ahí por sí mismo: que el automóvil y la aspirina no son cosas que hay que fabricar, sino cosas, como la piedra o la planta, que son dadas al hombre sin previo esfuerzo de éste. Es decir, que puede llegar a perder la conciencia de la técnica y de las condiciones, por ejemplo, morales en que ésta se produce, volviendo, como el primitivo, a no ver en ella sino dones naturales que se tienen desde luego y no reclaman esforzado sostenimiento. De suerte que la expansión prodigiosa de la técnica la hizo primero destacarse sobre el sobrio repertorio de nuestras actividades naturales y nos permitió adquirir plena conciencia de ella, pero luego, al seguir en fantástica progresión, su crecimiento amenaza con obnubilar esa conciencia.

2.° El otro rasgo que lleva al hombre a descubrir el carácter genuino de su propia técnica fue, dijimos, el tránsito del mero instrumento a la máquina, esto es, al aparato que actúa por sí mismo. La máquina deja en último término al hombre, al artesano. No es ya el utensilio que auxilia al hombre, sino al revés: el hombre queda reducido a auxiliar de la máquina. Una fábrica es hoy un artefacto independiente al que ayudan en algunos momentos unos pocos hombres, cuyo papel resulta modestísimo.

3.° Consecuencia de ello fue que el técnico y el obrero, unidos en el artesano, se separasen, y al quedar aislado se convirtiese el técnico como tal en la expresión pura, viviente, de la técnica como tal: en suma, el ingeniero.

Hoy está la técnica ante nuestros ojos, tal y como es, exenta, aparte y sin confundirse y ocultarse en lo que no es ella. Por eso se dedican concretamente a ella ciertos hombres, los técnicos. En la Edad paleolítica o en la Edad Media, el inventar no podía constituir un oficio porque el hombre ignoraba su propio poder de invención. Hoy, por el contrario, el técnico se dedica, como a la actividad más normal y preestablecida, a la faena de inventar. Al revés que el primitivo, antes de inventar sabe que puede inventar; esto equivale a que antes de tener una técnica tiene *la* técnica. Hasta este punto y aun en este sentido casi material es cierto lo que vengo sosteniendo: que las técnicas son sólo concreciones *a posteriori* de la función general técnica del hombre.

El técnico no tiene que esperar los azares y someterse a cifras evanescentes de probabilidad, sino que, en principio, está seguro de llegar a descubrimientos. ¿Por qué?

Esto nos obliga a hablar algo del tecnicismo de la técnica.

Para algunos eso y sólo eso es la técnica. Y, sin duda, no hay técnica sin tecnicismo, pero no es sólo eso. El tecnicismo es sólo el método intelectual que opera en la creación técnica. Sin él no hay técnica, pero con él solo tampoco la hay. Ya vimos que no basta poseer una facultad para que, sin más, la ejercitemos.

Yo hubiera deseado hablar largo y tendido sobre el tecnicismo de la técnica, así actual como pretérita. Es tal vez el tema que personalmente me interesa más. Pero hubiera sido un error, a mi juicio, hacer gravitar hacia él todo este ensayo. Ahora, en su agonía, tengo que reducirme a dedicarle una brevísima consideración: brevísima, pero, según espero, suficientemente clara.

Es incuestionable que ni la técnica habría logrado tan fabulosa expansión en estos últimos siglos, ni al instrumento hubiera sucedido la máquina, ni consecuentemente el técnico se habría separado del obrero, si el tecnicismo no hubiese previamente sufrido una radical transformación.

En efecto, el tecnicismo moderno es completamente distinto del que ha actuado en todas las técnicas pretéritas. ¿Cómo expresar en pocas palabras la radical diferencia? Tal vez haciéndonos esta otra pregunta: el técnico del pasado, cuando lo era propiamente, es decir, cuando el invento no surgía por puro azar, sino que deliberadamente era buscado, ¿qué es lo que hacía? Pongamos un ejemplo esquemático, por tanto exagerado, aunque se trata de un hecho histórico y no imaginario. El arquitecto nilota necesitaba elevar los sillares de piedra a las partes más altas de la pirámide de Chéops. El técnico egipcio parte, como no puede menos, del resultado que se propone: elevar el sillar. Para ello busca medios. Para ello, he dicho; es decir, busca medios para el resultado —que la piedra quede en lo alto— tomando en bloque ese resultado. Su mente está prisionera de la finalidad propuesta tal y como es propuesta en su integridad última y perfecta. Tenderá, pues, a no buscar como medios sino aquellos actos o procedimientos que, a ser posible, produzcan de un solo golpe, con una sola operación breve o prolongada, pero de tipo único, el resultado total. La unidad indiferenciada del fin incita a buscar un método también único e indiferenciado. Esto lleva en los comienzos de la técnica a que el medio por el cual se hace la cosa se parezca mucho a la cosa misma que se hace. Así en la pirámide: para subir la piedra a lo alto se adosa a la pirámide tierra en forma de pirámide; con base más ancha y menor declive sobre el cual se arrastran hacia la cúspide los sillares. Como este principio de similitud —*similia similibus*— no es aplicable en muchos casos, el técnico se queda sin regla alguna, sin método para pasar mentalmente del fin propuesto al medio adecuado, y se dedica empíricamente a probar esto y lo otro y lo de más allá que vagamente se ofrezca como congruente al propósito. Dentro, pues, del círculo que se refiere a este propósito, recae en la misma actitud del «inventor primitivo».

XII

EL TECNICISMO MODERNO.— LOS RELOJES DE CARLOS V.— CIENCIA Y TALLER.— EL PRODIGIO DEL PRESENTE

El tecnicismo de la técnica moderna se diferencia radicalmente del que ha inspirado todas las anteriores. Surge en las mismas fechas que la ciencia física y es hijo de la misma matriz histórica. Hemos visto cómo hasta aquí el técnico, obseso por el resultado final que es el apetecido, no se siente libre ante él y busca medios que de un golpe y en totalidad consiga producirlo. El medio, he dicho, imita a su finalidad.

En el siglo XVI llega a madurez una nueva manera de funcionar las cabezas que se manifiesta a la par en la técnica y en la más pura teoría. Más aún, es característico de esta nueva manera de pensar que no pueda decirse dónde empieza; si en la solución de problemas prácticos o en la construcción de meras ideas. Vinci fue en ambos órdenes el precursor. Es hombre de taller, no sólo ni siquiera principalmente de taller de pintura, sino de taller mecánico. Se pasa la vida inventando «artificios».

En la carta donde solicita empleo de Ludovico Moro, adelanta una larga lista de invenciones bélicas e hidráulicas. Lo mismo que en la época helenística los grandes *poliorketés* dieron ocasión a los grandes avances de la mecánica que terminan prodigiosamente en el prodigioso Arquímedes, en estas guerras de fines del siglo XV y comienzos del XVI se prepara el crecimiento decisivo del nuevo tecnicismo. *Nota bene*: unas y otras guerras eran guerras falsas, quiero decir, no eran guerras de pueblos, guerras férvidas, peleas de sentimientos enemigos, sino guerras de militares contra militares, guerras frígidas, guerras de cabeza y puño, no de víscera cordial. Por lo mismo guerras... técnicas.

Ello es que hacia 1540 están de moda en el mundo las «mecánicas». Esta palabra, conste, no significa entonces la ciencia que hoy ha absorbido ese término que aún no existía: significa las máquinas y el arte de ellas. Tal es el sentido que tiene todavía en 1600 para Galileo, padre de la ciencia mecánica. Todo el mundo quiere tener aparatos, grandes y chicos, útiles o simplemente divertidos. Nuestro enorme Carlos, el V, el de Mülhberg, cuando se retira a Yuste, en la más ilustre bajamar que registra la historia, se lleva en su formidable resaca hacia la nada sólo estos dos elementos del mundo que abandona: relojes y Juanelo Turriano. Éste era un flamenco, verdadero mago de los inventos mecánicos, el que construye lo mismo el artificio para subir aguas a Toledo —de que aún quedan restos— que un pájaro semoviente que vuela con sus alas de metal por el vasto vacío de la estancia donde Carlos, ausente de la vida, reposa.

Importa mucho subrayar este hecho de primer orden: que la maravilla máxima de la mente humana, la ciencia física, nace en la técnica. Galileo joven no está en la Universidad, sino en los arsenales de Venecia, entre grúas y cabrestantes. Allí se forma su mente.

El nuevo tecnicismo, en efecto, procede exactamente como va a proceder la *nuova scienza*. No va sin más de la imagen del resultado que se quiere obtener a la busca de medios que lo logran. No. Se detiene ante el propósito y opera sobre él. Lo *analiza*. Es decir, descompone el resultado total —que es el único primeramente deseado— en los resultados parciales de que surge, en el proceso de su génesis. Por tanto, en sus «causas» o fenómenos ingredientes.

Exactamente esto es lo que va a hacer en su ciencia Galileo, que fue a la par, como es sabido, un gigantesco «inventor». El aristotélico no descomponía el fenómeno natural, sino que a su conjunto le buscaba una causa también conjunta, a la modorra que produce la infusión de amapolas una *virtus dormitiva*. Galileo cuando ve moverse un cuerpo hace todo lo contrario: se pregunta de qué movimientos elementales y, por tanto, generales, se compone aquel movimiento concreto. Esto es el nuevo modo de operar con el intelecto: «análisis de la naturaleza».

Tal es la unión inicial —y de raíz— entre el nuevo tecnicismo y la ciencia. Unión como se ve nada externa sino de idéntico método intelectual. Esto da a la técnica moderna independencia y plena seguridad en sí misma. No es una inspiración como mágica ni puro azar, sino «método», camino preestablecido, firme consciente de sus fundamentos.

¡Gran lección! Conviene que el intelectual *maneje* las cosas, que esté cerca de ellas; de las cosas materiales si es físico, de las cosas humanas si es historiador. Si los historiadores alemanes del siglo XIX hubiesen sido más hombres políticos, o siquiera más «hombres de mundo», acaso la historia fuese hoy ya una ciencia y junto a ella existiese una técnica realmente eficaz para actuar sobre los grandes fenómenos colectivos, ante los cuales, sea dicho con vergüenza, el actual hombre se encuentra como el paleolítico ante el rayo.

El llamado «espíritu» es una potencia demasiado etérea que se pierde en el laberinto de sí misma, de sus propias infinitas posibilidades. ¡Es demasiado fácil pensar! La mente en su vuelo apenas si encuentra resistencia. Por eso es tan importante para el intelectual palpar objetos materiales y aprender en su trato con ellos una disciplina de contención. Los cuerpos han sido los maestros del espíritu, como el centauro Quirón fue el maestro de los griegos. Sin las cosas que se ven y se tocan, el presuntuoso «espíritu» no sería más que demencia. El cuerpo es el gendarme y el pedagogo del espíritu.

De aquí la ejemplaridad del pensamiento físico frente a todos los demás usos intelectuales. La física, como ha notado Nicolai Hartmann, debe su sin par virtud a ser, hasta ahora, la única ciencia donde la verdad se establece mediante el acuerdo de dos instancias independientes que no se dejan sobornar la una por la otra. El puro pensar *a priori* de la mecánica racional y el puro mirar las cosas con los ojos de la cara: análisis y experimento.

Todos los creadores de la nueva ciencia se dieron cuenta de su consustancialidad con la técnica. Lo mismo Bacon que Galileo, Gilbert que Descartes, Huygens que Hooke o Newton.

De entonces acá el desarrollo —en sólo tres siglos— ha sido fabuloso: lo mismo el de la teoría que el de la técnica. Vea el lector en el librito de Allen Raymond, *¿Qué es la tecnocracia?*, traducido en las ediciones de la *Revista de Occidente*, algunos datos sobre lo que hoy puede hacer aquel técnico. Por ejemplo:

«El motor humano, en una jornada de ocho horas, es capaz de rendir trabajo, aproximadamente, en la proporción de un décimo de caballo. Hoy día poseemos máquinas que trabajan con 300.000 caballos de potencia, capaces de funcionar durante veinticuatro horas del día por mucho tiempo.

»La primera máquina de conversión de energía distinta del mecanismo humano fue la tosca máquina de vapor atmosférico de Newcomen, en 1712. La primera máquina de esa marca desarrolla 5,5 caballos de fuerza, calculada por la cantidad de agua que eleva en un tiempo determinado. Esta máquina alcanzó su máximo tamaño hacia 1780, con gigantescos cilindros y 16 a 20 recorridos de émbolo por minuto. Tenía una potencia de 50 caballos, o sea, 500 veces la del motor humano. Pero la eficiencia de la máquina Newcomen era un décimo de la máquina humana y requería 15,8 libras de carbón por caballo. Tenía otros defectos, tanto en energía como en la parte mecánica, que impidieron su adopción general.

»La introducción de la turbina trajo un nuevo tipo de conversión de energía. Mientras las primeras turbinas construidas poseían menos de 700 caballos y la primera turbina que se instaló en una estación central era de 5.000 caballos, las turbinas modernas llegan a alcanzar 300.000 caballos, o sea, 3.000.000 de veces el rendimiento de un ser humano en jornada de ocho horas. Calculada sobre la base de veinticuatro horas de funcionamiento, la turbina tiene nueve millones de veces el rendimiento del cuerpo humano.

»La primera turbina montada en una estación central consumía 6,88 libras de carbón por kilovatio-hora en 1903.

Ha habido un descenso en consumo de carbón de 6,88 libras a 0,84 libras en un período de 30 años, lo que indica la variación del rendimiento al efectuar el trabajo humano por medio de las máquinas.

»El rendimiento máximo de civilización en el antiguo Egipto nunca excedió de 150.000 caballos en jornada de ocho horas, suponiéndole 3.000.000 de habitantes. Grecia, Roma, los pequeños Estados e Imperios de la Edad Media y las naciones modernas tuvieron el mismo índice de rendimiento hasta la época de Jaime Watt. Cambios cada vez más rápidos ocurrieron desde entonces. El progreso social, desconocido hasta ahora, avanzó lentamente al principio, después dio una carrera, tomó vuelo y avanzó con la rapidez de un cohete. Serie tras serie de desarrollos técnicos han barrido los procesos industriales de cada década, desde 1800, para dejarlos reducidos a métodos anticuados del pasado.

»La primera máquina, la de Newcomen, no sobrevivió a su siglo. El segundo cambio en la conversión de energía, la máquina de Watt, no sobrevivió un siglo para ser reemplazada por una nueva máquina de mayor rendimiento. De los 9.000.000 de veces por los que hemos multiplicado la energía del cuerpo humano para obtener las unidades modernas de energía mecánica alcanzadas, un aumento de 8.766.000 veces ha ocurrido en los últimos veinticinco años.

»Sobre disminución de horas de trabajo humano desde 1840, notemos que, en acero, el grado de disminución ha sido la inversa de la cuarta potencia del tiempo; en automóviles, aún mayor; en producción de lingotes de hierro, una hora de trabajo humano consigue hoy día lo que seiscientas horas del mismo trabajo hace cien años. En agricultura, sólo 1/3.000 de horas de trabajo humano por unidad de producto se necesitan comparadas con 1840. En la fabricación de lámparas incandescentes, una hora de trabajo humano realiza tanto como nueve mil horas del mismo trabajo en 1914.

»El grado de disminución en horas de trabajo humano por unidad de producción, tomadas en conjunto, es, pues, aproximadamente 1/3.000.

»Los fabricantes de ladrillos durante más de cinco mil años, nunca lograron por término medio más de 450 ladrillos por día y por individuo, en jornada de más de diez horas.

»Una fábrica moderna de fabricación continua de ladrillos producirá 400.000 ladrillos por día y por hombre».

No respondo de la exactitud de estas cifras. Los «tecnócratas» de quienes proceden, son demagogos y, por tanto, gente sin exactitud, poco escrupulosa y atropellada. Pero lo que tenga ese cuadro numérico de caricatura y exageración, no hace sino poner de manifiesto un fondo verdadero e incuestionable: la casi ilimitación de posibilidades en la técnica material contemporánea.

Pero la vida humana no es sólo lucha con la materia, sino también lucha del hombre con su alma. ¿Qué cuadro puede Eurámerica oponer a ése como repertorio de técnicas del alma? ¿No ha sido, en este orden, muy superior el Asia profunda? Desde hace años sueño con un posible curso en que se muestren frente a frente las técnicas de Occidente y las técnicas del Asia.

C Guía de lectura

"INTRODUCCIÓN" AL CURSO *¿QUÉ ES LA TÉCNICA?*

[IDEA PRINCIPAL: La falta de coordinación entre la universidad y la técnica (la sociedad) ha llevado a Europa a la crisis de sus valores].

Ortega inicia su exposición con una afirmación definitiva: "*Sin la técnica el hombre no existiría ni habría existido nunca. Así, sin más ni menos*".

Y no es que vaya, en este momento, a presentar argumentos a favor de esta tesis, que eso lo hace a lo largo del libro, pero sí significa dos cosas:

1) el *talante* del *humanismo orteguiano*: el ser humano es el eje y el centro de todo pensamiento y elaboración humana, porque el ser humano lo que tiene que hacer es lograrse a sí mismo su propia vida.
2) que para acceder a comprender el pensamiento de Ortega hay que tener claras algunas ideas previas, tales como: "animal-hombre (humano)" y "vida (raciovitalismo)".

El "ser humano" –o bien, el hacerse humano– resulta ser una superación *cualitativa* de las fuerzas naturales de la evolución. El ser humano tiene que convivir en una doble dimensión: la animal y la humana, que es el distanciamiento de la animalidad.

Esa superación se logra gracias a la técnica; o mejor, gracias a las capacidades imaginativas del ser humano –que el animal no tiene– es capaz de hacer frente a las adversidades del mundo natural, comprender un problema (dificultad) e imaginar un método para superarlo. El *humanismo orteguiano* es la afirmación de que hemos llegado a ser lo que somos gracias a los esfuerzos dedicados a la elaboración técnica.

Con estos precedentes *ideológicos* resulta posible introducirse en su pensamiento y entender la afirmación de que sin técnica no existiría el hombre.

Por eso, a Ortega le resulta extremadamente difícil de comprender cómo, siendo la técnica algo tan fundamental para la existencia del ser humano, que la universidad, que se supone que es el *sancta santorum* de las exigencias humanas (el conocimiento de sí mismo, sus dudas, sus angustias, etc.) prácticamente no se ocupe de ella, o la tenga como una especie de "habilidad" destinada a algunos especialistas. Le resulta extraño que una institución de esa naturaleza no dé prioridad al conocimiento, estudio, enseñanza y divulgación de la técnica puesto que se la puede considerar como la generadora del ser humano.

La pregunta, por tanto, que uno puede hacerse es la siguiente: "¿Cuál es el grado (nivel) de enseñanza/conocimiento que tiene el hombre medio actual sobre el papel de la técnica en su vida?" ¿Cuál es su influencia en el vivir cotidiano, en sus planes, en lo que le condiciona, en las consecuencias que tiene en su vida? Porque lo que es innegable es que las técnicas dominan todo ámbito de actuación humana y que aunque no fuera cierta la tesis inicial, lo que es innegable es que hoy en día, la técnica domina la vida humana.

Sin embargo, el conocimiento que hoy día los seres humanos tienen sobre el poder y las posibilidades de la técnica es prácticamente nulo: "*individuo educado por la Universidad se queda paralítico porque no tiene conocimiento alguno de sus factores.*"

Pero tampoco los especialistas son capaces de explicar los problemas de la humanidad.

Es cierto, dice Ortega, que existe un conocimiento parcializado en algunas escuelas especiales, pero lo bien cierto es que no hay una enseñanza integral acerca de la técnica: de su génesis, evolución, condiciones, posibilidades y peligros. Es decir, no hay una "filosofía de la técnica" en la que se integren todas sus dimensiones, desde la histórica a la metafísica, antropológica y moral.

Todo esto hace pensar que se la considera como una actividad secundaria.

Esta disociación entre el mundo universitario y el técnico afecta muy perjudicialmente al ser humano porque la universidad, que debería ser el refugio del humanismo, resulta que es incapaz de darle soluciones.

Por eso, Ortega expone que los fracasos de la actual situación europea (la Europa en crisis) se deben precisamente a la disociación educativa que existe entre universidad y sociedad (ser humano; técnica). La universidad ya no es el sitio donde los seres humanos pueden hallar remedios a sus dudas ni donde pueden esperar alcanzar una solución para el futuro.

Pero Ortega tampoco acepta que se le diga que eso siempre ha sido así y, para refutarlo, expone el ejemplo de la Edad Media, que lo despacha con dos hechos rotundos:

(1) El grado de desarrollo técnico en la Edad Media no era como el actual;

(2) El hombre de la Edad Media tenía más trato directo con las técnicas de su época que el actual con las suyas.

Y esto quiere decir que la visión del mundo que tenemos en la actualidad es más irreal que en el pasado. Y por eso, también, se puede afirmar que la técnica, nacida para dar soluciones a la vida humana, se ha convertido en un problema para la Humanidad.

Pero queda un esbozo de esperanza: "*Hagamos ensayos de nueva Universidad*" porque se hace evidente que en una Europa en crisis, que ha tenido múltiples fracasos históricos, la universidad debe seguir otros derroteros.

ESQUEMA Introducción

- El hombre existe a causa de la técnica.
- El hombre actual no puede vivir sin técnica: una de las máximas dimensiones de la vida humana. El hombre vive alojado en la sobrenaturaleza.
- El saber técnico no ha llegado a la Universidad, ni se ha constituido en saber científico.
- La Universidad al no profundizar en el estudio de la técnica deja paralítico al estudiante, dándose una separación radical entre Universidad e ingeniería.
- Los técnicos solamente estudian su tecnicismo, ausencia de visión panorámica que les impide ver el problema que la técnica plantea hoy a la humanidad.
- Hoy el progreso de la técnica permite que nos sean dadas hechas innumerables cosas, aunque la mayoría de ellas son invisibles y parece que la vida sea más irreal, se tiene menos noción de la importancia de la técnica.
- Importancia de la historia para saber reformar un país y mejorar el mañana. Saber acoger todas las posibilidades que la sociedad y la historia extraen y saber cuáles son significativas y cuáles no, y la técnica es hoy primordial.

I. PRIMERA ESCARAMUZA CON EL TEMA

[IDEA PRINCIPAL: Determinar qué son las *necesidades* y cómo la técnica es la respuesta humana a la inconformidad, al vivir atado a los dictámenes biológicos; las diferencias entre hombre (ser humano) y animal].

Es posible que este primer capítulo parezca algo confuso y abigarrado ya que, inicialmente, Ortega no se inicia hablando de la técnica sino que, para llegar supuestamente a ella, se plantea una situación *aparentemente* alejada del tema, pero profundamente antropológica y vital: ¿Qué son las *necesidades humanas*?

Esta forma de proceder es frecuente en el estilo de Ortega (es la forma del método Jericó, puesto en práctica): iniciar con una cuestión que "aparentemente" tiene poco que ver con el asunto en cuestión (lo cual produce una cierta perplejidad o extrañeza) para, después de debatir algunos otros asuntos intermedios, hacernos ver que ese es el auténtico meollo de la cuestión y que no se podía haber iniciado de otra manera.

Empieza señalando que actos como calentarse y alimentarse no son, ciertamente, necesidades humanas, aunque la mayoría así los considera; y no lo son porque en realidad son simples condiciones objetivas del vivir animal (en el sentido del mero existir o sobrevivir y del simple estar en el mundo); son, pues, necesarias *únicamente* para la vida biológica, para el vivir del animal, pero no del ser humano.

Acto seguido Ortega se ocupa del raro y obstinado empeño del vivir del humano (ahora en sentido biográfico e individual), que no es un vivir como el del animal. El ser humano no tiene empeño alguno por estar en el mundo si tiene que hacerlo atado a sus instintos y necesidades biológicas; en lo que tiene empeño es en "estar bien", en "vivir bien": sólo esto le resulta *necesario* y todo lo demás es necesidad sólo en la medida en que haga posible el bienestar.

El hombre es un animal para el cual sólo lo superfluo es necesario.

El animal ni sabe ni siente que tiene necesidades; las satisface irremediablemente y sin pensar; el hombre sí que las reconoce y se inventa procedimientos para evitarlas.

El ser humano reconoce que su circunstancia natural le es hostil, aunque la acepta (no tiene otro remedio) e intenta transformarla mediante la técnica.

a) los animales no tienen ninguna "necesidad" de superar sus necesidades biológicas y naturales; simplemente se guían por sus instintos y cumplen sus ciclos vitales y en ellos satisfacen todo lo que pueden llegar a ser. Y ni tan siquiera son conscientes de que tienen necesidades. Y si no tienen la manera de satisfacer esas necesidades, el animal no hace nada y se deja morir.

b) No ocurre lo mismo con el hombre, que sí que reconoce que tiene necesidades, pero las observa con distanciamiento porque posee cualidades intelectuales (racionales) que le permiten contemplarlas, pensar y comprender el mundo que le rodea; sabe que necesita alimentarse para vivir (biológicamente), pero puede renunciar a ello si quiere.

   Por eso mismo, "vivir" para un animal es un acto de la rutina de la vida, mientras que para el hombre es *"la necesidad creada por un acto de la voluntad"*; vivir y morir son, pues, decisiones humanas.

c) La naturaleza es adversa al hombre en el sentido de que sólo le crea carencias (de acuerdo que el ser humano es un ser natural y que se rige por los mismos principios de la naturaleza y de la vida); pero ese no es el "vivir humano"; no es lo que el hombre quiere para sí; el ser humano por sus cualidades *naturales* intelectuales no se conforma con el vivir animal, por lo que intenta *transformar* la naturaleza para hacerla más conveniente a su *forma de vivir*.

d) El "vivir humano" —mejorado el mero *ser* biológico (vivir animal)— es la superación del conjunto de adversidades con las que el hombre se encuentra al estar inmerso en la naturaleza.

e) Esa superación de las adversidades (circunstanciales) se consigue mediante la "técnica", que no es otra cosa que *"la invención de un procedimiento que nos permite ... obtener ... lo que no hay en la naturaleza"*.

Por lo tanto:

(1) La técnica es la reforma de la naturaleza para obtener cosas que no existen en ella.

(2) Esto se logra mediante un plan y unos procedimientos.

(3) La técnica[4] nos provee de una "sobrenaturaleza", que no es otra cosa que el conjunto de aparatos e instrumentos ideados y creados por el hombre para distanciarse de la naturaleza.

[4] Hay que diferenciar entre "técnica", que Ortega utiliza como la "capacidad intelectual humana de crear métodos y procedimientos para inventar aparatos" (sin que éstos tengan porqué ser realizados), de "actos técnicos" que son la "materialización" de las ideas técnicas anteriores.

ESQUEMA lección I

- El hombre no vive de sus instintos, sino que se gobierna mediante otras facultades, como la reflexión y la voluntad.
- El hombre anhela pervivir, afirmarse frente a toda circunstancia negativa.
- La diferencia con el animal no es tanto la inteligencia como el ser capaz de desprenderse de urgencias vitales para ocuparse de actividades que no son satisfacción de necesidades.
- La vida del hombre no coincide con sus necesidades biológicas, con su circunstancia, pero no tiene más remedio, si quiere ser y estar en ella, que aceptarlas. De aquí que se le presenten con un aspecto negativo, forzado y penoso.
- La vida es necesaria solo en un sentido subjetivo, condicional. La necesidad es creada por un acto de voluntad, solamente si quiere vivir, porque la necesidad de vivir no le es impuesta a la fuerza, como le es impuesta a la materia no aniquilarse.
- El hombre no es su circunstancia, sino que está sólo sumergido en ella y puede en algunos momentos salirse de ella y ensimismarse.
- Si la naturaleza no le presta los medios, el hombre no se resigna. El hombre produce lo que no está en la naturaleza.
- La técnica, por tanto, la podemos definir como **la reforma que el hombre hace a la naturaleza en vista de la satisfacción de sus necesidades**. En sentido tal que las necesidades naturales queden, a ser posible, anuladas por dejar de ser problema su satisfacción.

II. EL ESTAR Y EL BIENESTAR.– LA "NECESIDAD" DE LA EMBRIAGUEZ.– LO SUPERFLUO COMO NECESARIO.– RELATIVIDAD DE LA TÉCNICA.

[IDEA PRINCIPAL: la técnica produce objetos no-naturales (superfluos), que son los que nos llevan del vivir (animal) al "bien-vivir" (o *bienestar*)].

Se inicia el capítulo con una afirmación (directamente deducida del capítulo anterior): **el ser humano no se adapta al medio porque hace que el medio, por medio de la técnica, se adapte a sus exigencias y necesidades**.

La técnica es lo contrario a la "adaptación" del animal a su medio; es, más bien, la "adaptación" del medio a las exigencias humanas.

De aquí se deduce una inevitable consecuencia: la técnica es contraria a la *evolución natural* de la especie humana porque lo que hace es corregir el medio ambiente para que éste se adapte a las exigencias humanas del "bien-vivir". Y Ortega lo dice muy claramente: *"...sospechar que se trata de un movimiento en dirección inversa a todos los biológicos"*.

Es cierto que el ser humano ha evolucionado *biológicamente*, como el resto de las especies, de acuerdo con los principios naturales; sin embargo el ser humano supera el estadio meramente animal y se convierte en un "trans-animal", con una "sobrenaturaleza" inventada que le permite vivir y desear como humano.

En su especial modo de "estar en el mundo", el ser humano produce tanto útiles e instrumentos para satisfacer sus necesidades biológicas, como aparatos que son absolutamente innecesarios para su situación vital, pero que se le convierten en imprescindibles para la vida humana.

Esto nos lleva a revisar el concepto de "necesidad humana" ya que abarca tanto lo necesario como lo superfluo, porque el vivir humano no es sólo el "estar" (como el animal), sino el "bien-estar". Así pues, lo que resulta necesario para el sobrevivir como animal deja de ser una necesidad humana (por ser necesidad animal), mientras que lo "superfluo" es lo que se convierte en la auténtica necesidad humana.

Es cierto que el hombre tiene necesidades vitales como el resto de los animales, que son las que no nos diferencian de ellos ni nos hacen humanos; sólo aquello que nos falta como no-animales es nuestra auténtica "necesidad". *"El hombre es el animal para el cual sólo lo superfluo es necesario"*.

El ser humano no busca simplemente vivir, sino "bien-vivir": *"El hombre no tiene empeño alguno por estar en el mundo. En lo que tiene empeño es en estar bien"*.

Esta nueva versión de la "necesidad humana" la satisface la técnica, que es, precisamente, *"la producción de lo superfluo"*.

"Hombre, técnica y bienestar son sinónimos".

Y es que hay que reconocer dos tipos de actos diferentes en los hombres:

1.- los que van dirigidos a satisfacer la vida orgánica (la adaptación del individuo al medio).

2.- los destinados a satisfacer el bienestar (la adaptación del medio al individuo).

Ahora bien, ¿qué entender por "bienestar"? El "bienestar" es algo en continuo cambio y transformación de acuerdo con los deseos humanos. Por lo que si la búsqueda del bienestar es lo que espolea a la técnica, ésta variara de acuerdo a los niveles de bienestar a que el ser humano aspire a llegar.

[En este lugar, Ortega aprovecha para criticar una determinada idea de progreso que considera que el hombre, en todas partes, siempre quiere y aspira lo mismo.]

ESQUEMA lección II

- El animal es lo opuesto al hombre, es atécnico: *"tiene que arreglárselas con lo que encuentra dado ahí"* y se contenta con ello.
- Lo específico del hombre es la reacción contra su entorno, donde los actos técnicos le permiten crear una circunstancia "sobrenatural" para intentar eliminar las necesidades naturales u objetivamente necesarias.
- La necesidad fundamental en el hombre que anhela no sólo vivir, estar, sino "estar bien", es su *bienestar*.
- Para lograrlo crea lo superfluo gracias a la técnica. Por ello la técnica es la adaptación del medio al sujeto.

III. EL ESFUERZO PARA AHORRAR ESFUERZO ES ESFUERZO. EL PROBLEMA DEL ESFUERZO AHORRADO. – LA VIDA INVENTADA

[IDEA PRINCIPAL: características de la técnica y sus consecuencias: el esfuerzo, el ahorro del esfuerzo, el tiempo libre y el ocio; inventarse la vida].

Ortega inicia la lección con una apesadumbrada opinión y valoración social sobre el mundo y la técnica, queriendo dar a conocer la delicada situación que se vive en el primer tercio del siglo XX, pero un poco al margen de la cuestión que nos ocupa, como el mismo reconoce: *"Pero dejemos esto, ya que no es materia en que podamos entrar ahora seriamente. Resumamos, en cambio, cuanto he dicho últimamente:"*...

1) No hay hombre sin técnica.
2) La técnica varía por las circunstancias y la idea de bienestar que en cada momento se tenga.
3) ¿Existe una "acumulación" técnica? Respuesta que se deja a capítulos posteriores.

Las expresiones "técnica" y "acto técnico" tienen su diferencia:

a) "técnica": el esfuerzo dedicado a inventar (pensar un plan).

b) "acto técnico": ejecutar lo ideado, que tiene que permitir:

1. Satisfacer necesidades.
2. Lograrlo con el mínimo esfuerzo.
3. Obtener objetos nuevos.

Por eso, se puede decir que la técnica elimina las adversidades de la circunstancia humana (el medio, la naturaleza) actuando en contra de ella y forzándola a aceptar nuevos objetos que favorecen al hombre.

Por lo tanto, la técnica es un trabajo (esfuerzo) para ahorrar otros esfuerzos (más penosos).

Dos notas se derivan del ahorro del esfuerzo que supone la técnica:

a) Obtener seguridad frente a los avatares naturales.

b) Obtener una cantidad de tiempo libre.

Esto nos lleva a otra cuestión no menos importante: *¿Qué pasa o a dónde se dirige el esfuerzo ahorrado?* ¿Qué ocurre con el tiempo libre obtenido gracias al esfuerzo? Es la aparición del **"ocio"**: un tiempo para dedicarse a otros menesteres.

Reflexión antropológica: "**El raro misterio del ser del hombre**".

El hombre es un animal que no se conforma con serlo. La técnica le proporciona ahorro de esfuerzo para obtener bienes superfluos (*bienestar*) y tiempo para inventarse a sí mismo.

El ser humano no tiene dada de antemano una vida ya hecha (como ocurre con los animales), sino que tiene que inventarse lo que quiere ser.

¿Es, por lo tanto, el ser humano obra de la imaginación?

¿Es por ello técnico?

¿Qué significa todo esto? Algo bien sencillo, aunque no estemos acostumbrados a pensar así: Ortega quiere decir que cada persona —cada ser humano— tiene la necesidad, incluso la obligación, de pensar y decidir lo que quiere ser en la vida. Esa tarea no la puede delegar en ninguna otra persona; y esa tarea es como un reto casi cotidiano.

Es decir, tenemos que pensarnos un plan de actuación para nuestra vida e ir escribiendo día a día su desarrollo, asumiendo un montón de decisiones y responsabilidades.

Por eso mismo la vida humana es radicalmente distinta de la del animal, que desde el primer día de su existencia lo tiene ya trazado todo y decidido previamente.

ESQUEMA lección III

- La técnica varía en función de la idea de bienestar que tenga el hombre en cada momento.
- Mediante actos técnicos realizamos un esfuerzo para inventar y realizar un plan de actividades que nos asegura satisfacer necesidades, con el mínimo esfuerzo, creando nuevas posibilidades para alcanzar el ansiado bienestar.
- El ahorro de esfuerzo conlleva un vacío que el hombre debe llenar, pues al no sernos dada hecha la vida y tener que hacérnosla, inventárnosla, es esencial que llenemos ese vacío para que la vida humana suponga bienestar.

IV. EXCURSIONES AL SUBSUELO DE LA TÉCNICA

[IDEA PRINCIPAL: el ser humano, ser natural y transnatural, es un proyecto de vida que debe ir ganándosela].

Ortega inicia la lección mostrando su disconformidad con las respuestas que se han dado a "¿Qué es la técnica?", que, en su opinión, han sido pobres e inconvenientes, al tratarla como si sólo fuera algo en sí misma, sin relaciones con el ser humano, cuando, precisamente, una buena comprensión de cualquier cuestión que afecte a lo humano –y la técnica lo hace extraordinariamente– exige una buena comprensión de qué es el humano.

En el planteamiento orteguiano, el hombre está inmerso en dos mundos: el natural y el humano (*"es a un tiempo natural y extranatural"*), lo que hace que en esa relación existan tres posibilidades:

1) que el hombre estuviera plenamente adaptado al mundo natural, que en la vida natural todo fueran facilidades para él, por lo que no sentiría "necesidad" alguna; se acoplaría y viviría inmerso en ese mundo como el resto de los animales.
2) que, lo contrario, el mundo natural sólo le ofreciera dificultades insalvables, por lo que acabaría pereciendo.
3) que, aunque sumergido en el mundo natural, encuentre que en él existen tanto facilidades como dificultades para vivir. *"... nuestro existir consiste en estar rodeados tanto de facilidades como de dificultades..."*

Y así, apoyándose en las facilidades que se le ofrecen, intenta superar las dificultades.

Desde este punto hasta el final de la lección, Ortega abandona su reflexión sobre la técnica y se introduce en una *reflexión antropológica* sobre lo que significa "superar las dificultades".

Si el hombre quiere vivir en el mundo (si quiere vencer aquello que le es adverso) no puede ser un ser pasivo dominado por su circunstancia, sino un ser activo que transforme la circunstancia adversa para *"tener que hacerse en cada momento su propia existencia"*.

El hombre, por tanto, deja de ser un mero hecho natural y se convierte en un *proyecto de sí mismo*: tiene que hacerse a sí mismo y ganarse su propia vida.

La auténtica naturaleza humana, por tanto, es **llegar a ser lo que aún no es**; es decir, al hombre la vida se le abre como proyecto; como pretensión de ser alguna cosa, ser alguien.

Ahora bien, como no nos es dado elegir el mundo (o circunstancia) en la que nacemos, sino que nos encontramos con ella como algo ya hecho, ofreciéndonos tanto dificultades como facilidades; dificultades y facilidades que varían según la historia y el carácter de cada uno. *"Así se explica que el mundo sea para cada época, y aun para cada hombre, algo distinto"*.

ESQUEMA lección IV

- El ser del hombre y el ser de la naturaleza no coinciden plenamente porque el hombre es, a un tiempo, natural y extranatural. Su porción extranatural consiste en inventarse un proyecto de vida.
- El hombre, al tener que estar en el mundo (natural) tiene que luchar contra las dificultades que se oponen a que se aloje en él, por lo que tiene que hacerse en cada momento su propia existencia.
- Si las "cosas" tienen su ser dado de antemano, el hombre no es una cosa, sino una "pretensión"; o bien, un drama: una lucha por llegar a ser.
- Al hombre le es dada la abstracta posibilidad de existir *humanamente*, pero no le es dada ya hecha y tiene que conquistarla.

V. LA VIDA COMO FABRICACIÓN DE SÍ MISMA. TÉCNICA Y DESEOS

[IDEA PRINCIPAL: para que la técnica pueda desarrollarse es preciso aceptar que existe una *capacidad técnica* que es anterior al propio desarrollo de la técnica].

Continúa en esta lección la *reflexión antropológica* iniciada en la anterior y que concluía con que el hombre en el mundo debe decidir sobre su futuro porque él es un proyecto desde "lo que es" a "lo que quiere llegar a ser".

Si bien todos los seres están adaptados a su entorno, el ser humano es un "inadaptado": *"La vida de cada uno de nosotros es algo que no nos es dado hecho, regalado, sino algo que hay que hacer"*.

La vida, por tanto, consiste en la producción e invención de cosas que no existen (todavía). En este sentido, la vida humana es como la vida del técnico: inventor de instrumentos y habilidades (para vivir).

Pero para que aparezca la técnica se tienen que dar unas circunstancias previas (sus condiciones). Esta es la capacidad *pre-técnica* del ser humano.

Es decir, el ser humano tiene intrínsecamente una circunstancia "pretécnica": "*... la técnica no es lo primero ... a la técnica le es prefijada* *la finalidad que ella debe conseguir. El programa vital es pre-técnico".* La capacidad de pensar, de reflexionar, de detenerse ante los fenómenos, es algo anterior a la técnica; y es gracias a esa capacidad o facultad humana como la técnica puede desarrollarse.

La *capacidad técnica* del hombre (que es la capacidad que tiene para pensar cómo transformar la naturaleza y que hay que considerar *innata* en el ser humano) es algo "pre-técnico".

En pocas palabras: la técnica es posible porque el ser humano tiene una capacidad técnica anterior (es *pre-técnica*) que la hace *posible*.

La primera tarea del hombre en un mundo hostil es transformarlo (para luego "pensarlo"). *"El hombre empieza cuando empieza la técnica".*

La liberación que produce la técnica, como ya hemos visto —el esfuerzo para ahorrar esfuerzos—, hace que el hombre disponga de un tiempo de ocio (tiempo sin ocupaciones para satisfacer sus necesidades) que le permita "pensarse" y pensar lo que quiere ser y tiene que hacer. Este "pensar" es imaginar y desarrollar un plan conforme al cual actuar.

Ortega acaba la lección resumiendo que la técnica tiene un sentido y orientación: desde el punto de inicio al punto de llegada; un término *"a quo"* y otro *"ad quem"*. *"A quo"* es el punto de partida de algo, que en este caso es la naturaleza tal y cual se nos presenta; *"Ad quem"* es el destino previsto y hacia el cual debe dirigirse la transformación de la naturaleza para cumplir el programa vital del hombre.

ESQUEMA lección V

- La existencia del hombre consiste esencialmente en un problema (algo que se ha de resolver) —un problema práctico— pues al nacer no tiene programa definido y es posibilidad de ser cualquier cosa, por lo que tiene que elaborar su propia existencia.
- Ese quehacer, que conlleva pensar y realizar un programa, nos obliga a actuar, hacernos a nosotros mismos, autofabricarnos. Por eso, el hombre esencialmente es técnico; es *esencialmente creador* al tener que esforzarse para llegar a ser lo que todavía no es.
- La vida es esencialmente práctica (fabricar, producir) y sólo posteriormente se convierte en teoría, contemplación, pensamiento. Porque *"vivir es hallar los medios para realizar el programa que se es".*
- La tarea del hombre es extranatural, por ello no ha de gastar sus energías en satisfacer necesidades elementales —negocio—, ahorrándolas para poder realizar su ser en el mundo —ocio—.
- Para ello ha de vivir conforme a un plan. Aunque el programa vital es pre-técnico nos dice Ortega que *"el hombre empieza cuando empieza la técnica [...] ella va a hacer que el programa humano se realice".*

– La técnica va entrelazada con el deseo que el ser humano tiene de realizar su programa vital, su ser en el mundo.
– Ortega destaca una crisis de los deseos en "nuestro tiempo" porque el ser humano está siendo incapaz de *"desearse a sí mismo porque no tiene claro un sí mismo que realizar"* y tan solo tiene "pseudo-deseos".

VI. EL DESTINO EXTRANATURAL DEL HOMBRE.– "PROGRAMAS DE SER" QUE HAN DIRIGIDO AL HOMBRE.– EL ORIGEN DEL ESTADO TIBETANO.

[IDEA PRINCIPAL: El ser humano es proyecto; usa las facilidades del mundo y transforma la naturaleza].

Recopilación de lecciones anteriores: la técnica implica (presupone):
a) un ser –precisamente el ser humano– cuya esencia es "no ser todavía" lo que tiene que llegar a ser.
b) un ser que tiene que realizar esa tarea por sí mismo.
c) un ser que tiene que valerse de los elementos materiales ya existentes.

"... la vida aparece constituida como un problema casi ingenieril: aprovechar las facilidades del mundo para vencer las dificultades que se oponen a la realización de nuestro programa. En esta condición radical de nuestra vida es donde prende el hecho de la técnica".

Al objeto de explicar lo que acaba de decir, propone Ortega exponer algunos de los muchos "programas vitales" en que históricamente el ser humano ha culminado su proyecto de vida.

"Programa vital" es lo mismo la "*pre-técnica*".

Se detallan dos de ellos:
(1) el "bodhisatva"[5] (modelo hindú).
(2) el "*gentleman*" (modelo inglés).

"Ser bodhisatva es, en principio, no comer, no moverse, no sexualizar, no sentir placer ni dolor; ser, en consecuencia, la negación viviente de la naturaleza".

En consecuencia, el budista hace imposible la técnica occidental por la simple razón de *cree* que *"La verdadera existencia consiste... en no ser individuo... sino en fundirse en el Todo y desaparecer en él"*.

Sin embargo, el *bodhisatva* posee otras técnicas que afectan al cuerpo y a la mente humana.

[5] "bodhisatva" es equivalente a quien está iluminado por el budismo, que en español es "budista".

Se ha sugerido que son el clima y la tierra de la India quienes han favorecido la aparición del budismo, a lo que Ortega opina lo contrario y como prueba expone el ejemplo del Tíbet (ejemplo que no tiene mayor importancia que el de ser una prueba en contra de los que atacan los posiciones orteguianas), pues en ese país, las circunstancias climáticas y geográficas son muy adversas y sin embargo ha triunfado el budismo, incluso con mayor fuerza que en la India.

En total oposición al patrón budista se encuentra el estereotipo del *gentleman*, que reserva para la lección siguiente, aunque en ésta señala algunas de sus características:

1) es heredero de la aristocracia inglesa, pero no al estilo de las aristocracias europeas tradicionales; frente a "bienes heredados" y de propiedad familiar, el *gentleman* se ocupa del comercio, de la industria y de las carreras y profesiones liberales.
2) por lo tanto, es más proclive al cambio y a la transformación.

ESQUEMA lección VI

- Somos entes cuyo ser consiste en "tener proyecto".
- Su realización la llevamos a cabo en el mundo, teniendo que aprovechar las facilidades que éste ofrece y vencer las dificultades que se opongan a dicha realización, para lo cual recurrimos a la técnica.
- La razón histórica en Ortega: la naturaleza del hombre no está definida ni fijada. Al tener que hacerse, que llegar a ser en el mundo, que realizar su proyecto vital, **el hombre es historia**.
- Y en este contexto, la técnica interviene y reforma la naturaleza en cada época o situación histórica de una forma distinta, para servir al hombre en su concreta realización.
- Como ejemplo, Ortega contrapone las figuras del *bodhisatva* y del *gentleman*, que son dos formas distintas de utilizar la técnica.
- La técnica del *bodhisatva* es la negación viviente de la naturaleza, no produce reformas de la naturaleza material, sino en el cuerpo y la psique del hombre.
- En cambio, el *gentleman* es un hombre que tiene que luchar en la vida, tiene que ejercitar todas las profesiones y oficios, sobre todo los prácticos. Por ello las técnicas usadas por cada uno son del todo distintas, pues son dos formas distintas de ser en el mundo.

VII. EL TIPO "*GENTLEMAN*".– SUS EXIGENCIAS TÉCNICAS. – EL "*GENTLEMAN*" Y EL "HIDALGO"

[IDEA PRINCIPAL: El *gentleman* como paradigma del hombre técnico; el juego].

Ortega define al *gentleman* ("gentil hombre", que diríamos en español) como aquel que en los momentos difíciles y agobiados de la vida adopta una actitud lúdica, divertida; como alguien que ante las dificultades y problemas, no *aparenta* consternación, sino "alejamiento", algo de indiferencia y "sentido del humor" frente a las adversidades.

Pero el "juego" que desarrolla no es diversión, sino algo de lo más serio pues en ello le va la "vida" (en el sentido biográfico e individual).

Y así es como aparece el "sentido deportivo de la vida": que el "vivir" sea entendido como un impulso creador de cosas superfluas y no necesarias. Ese "juego", tremendamente serio, ese ensimismamiento, ese dedicarse a potenciar el proyecto de vida, muestra de forma notoria su sentido extranatural (porque en la naturaleza no existe juego alguno).

Ahora bien, ¿por qué habla Ortega de "juego" para referirse a algo de tanta importancia?; tanta como que es consubstancial al hombre: hacerse la vida, proyectársela. Y así, habla de "juego" por cuatro razones:

1) Porque en el juego rige la pura invención, como también en el proyectarse la vida. Recordemos que, al dársenos la vida (pero sin hacer; la vida siempre es un quehacer), lo que nos queda es inventárnosla; el hombre, como novelista de sí mismo, debe escribir el argumento en que va a consistir su vida.
2) Porque jugar es un "lujo vital", es ocio y no "*nec-ocio*" (negocio). Un hombre se dedica al juego cuando tiene cubiertas sus necesidades vitales o se siente seguro en lo que respecta a las urgencias elementales del vivir, a las necesidades básicas. Esto le permite una cierta serenidad de ánimo, fundamental para lo que pretende: proyectarse la vida, inventar el argumento en que va a consistir su vida.
3) Porque jugar supone tiempo libre. Sin esta libertad, el esfuerzo que supone programarse la vida no sería posible.
4) Porque el jugar vital auténtico supone jugar limpio en la vida: mentir en el 'juego' –hacer trampas– es falsificar la vida. Juego limpio significa, en ese empeño de hacerse la vida, no obviar la búsqueda de la verdad, de la justicia, exigiendo respeto al derecho y actuando por deber, etc. Al hacerse, la vida no hace trampas. Juego limpio y trampas entran en contradicción.

En el *gentleman*, es posible que "la procesión vaya por dentro", pero el dominio de su equilibrio social hace que actúe con cierto desdén frente a la adversidad. O como quien sabe que, de una u otra manera, va a superarla.

Ortega propone al ser humano forjarse su sobrenaturaleza, su verdadera naturaleza, a base de *inventársela como inventa los juegos*. Y debe hacerlo desde donde es posible: desde la irrealidad, esto es, *desde lo que todavía no le es dado, pero que puede construirlo,* fabricarlo, inventarlo. En fin, el hombre es un animal fantástico.

Así, el *gentleman* –que es el que mejor y más seriamente ha "jugado" a proyectarse la vida–, quiere vivir con intensidad en este mundo y ser lo más persona que pueda; esto es, lleva su vida a la máxima posibilidad y lo hace biográficamente, con lo que conquista la mayor libertad que al hombre le es dado lograr: se construye un mundo, una sobrenaturaleza, que le lleva a ser quien es. Y lo consigue gracias al esfuerzo y la audacia, esto es, con la "holgura vital" que es lo que le da el dominio sobre la circunstancia (naturaleza o mundo).

Ahora bien, ¿cómo ha logrado el *gentleman* este estilo de vida que en tan buena situación le ha dejado? ¿Cómo logra esta "holgura vital" que le permite ser *quien tiene que ser* (esto es, lograr su "vocación y destino")? Sin duda, el *gentleman* es lo que es gracias a la técnica, que le asegura el dominio sobre la circunstancia y le permite "jugar" y convertir su existencia en un juego.

Pero no sólo eso: también pretende un dominio sobre los hombres, por lo que el *gentleman* es también un gran político. Por todo ello cabe sospechar que la capacidad de ensimismamiento (de tomar distancia de los demás y de las cosas y dedicarse a su individualidad, a su "vida") del *gentleman* es enorme.

Pero, además, el *gentleman* es un hombre de acción.

"Ensimismarse" y ser "hombre de acción" no entran en contradicción, aunque parezcan dos actitudes distintas. Para la acción hace falta un previo ensimismamiento que oriente (los deportistas se "concentran" antes de actuar). Ahora bien, el *gentleman* no es un intelectual. Es activo y práctico: no busca huir del mundanal ruido para hallar la verdad oculta, sino el *decorum* en toda su vida: cuerpo y alma "limpios", como el juego.

Concluye la lección, que no contiene pensamiento alguno sobre la técnica sino sobre los programas pretécnicos o actitudes humanas (antropología), con un conjunto de opiniones *antropológicas* sobre el *gentleman*.

Lo que resulta indiscutible es que a Ortega, la figura del *gentleman* (modelo británico de la "forma de vida"), estereotipada o no, le parece excelente, ante la cual rinde homenajes y le da sus mejores piropos (pero eso era a mediados de los años 30 del siglo XX y no en nuestra situación actual).

No obstante –y con cierta prudencia, porque Ortega es *sobre todo* periodista– señala que las tradicionales cualidades del *gentleman* están en declive.

Esa circunstancia –la debilidad del modelo británico, de la que casi con toda seguridad se lamenta– le lleva a, en el último párrafo de esta lección, a sugerir una *combinación* del *gentleman* (ya en decadencia) con la del "hidalgo" español, nacido en la pobreza.

La figura del "hidalgo" español, según Ortega, es la posibilidad del futuro si se combinara el espíritu innovador del *gentleman* con el de austeridad (y pobreza) de la baja nobleza española, aunque también hay que reconocer –dice– que el hidalgo español no es bueno para el trabajo y la superación.

ESQUEMA lección VII

- En la figura del *gentleman* lo que destaca es el "juego limpio" (*fair play*); la deportividad, que es el paradigma del hombre técnico. Se siente seguro en lo que respecta a las urgencias elementales del vivir, y entendiendo la dificultad que entraña este hecho, dinamiza con el mundo, lucha y se ancla en él aspirando de la mano de la técnica a su bienestar.
- Por ello, para Ortega la respuesta no es la del *bodhisatva*, que busca alejarse de su relación con la naturaleza, sino la del *gentleman* que dinamiza con el medio, que "lucha" y muestra la "extranaturalidad" de quien negocia con el futuro del quehacer humano.
- Entendiendo la importancia del ocio, Ortega sabe que el *gentleman* ha de tener una situación económica lo suficientemente holgada para quedar libre y poder aspirar a auto-realizarse.
- En este sentido, Ortega enfrenta al *gentleman* con la figura del "hidalgo", el hermano menos afortunado, que vivió en unas terribles condiciones de existencia, aun reconociendo que entre ambos se levanta un muro: el trabajo.

VIII. LAS COSAS Y SU "SER".– LA PRE-COSA.– EL HOMBRE, EL ANIMAL Y LOS INSTRUMENTOS.– LA EVOLUCIÓN DE LA TÉCNICA.

[IDEA PRINCIPAL: las condiciones para conocer algo y la diferencia entre "capacidad técnica" y "técnica real y efectiva"].

Se inicia esta lección con una *reflexión ontológica* sobre "las cosas" (las cosas; en general, cualquier cosa), que para llegar a saber lo *que son* hay que reducirlas a sus componentes; también habla de la capacidad humana del análisis de las cosas, a lo que se añaden otras *reflexiones especulativas que diferencian entre el hombre y el animal*, para acabar afirmando que animal y humano se diferencian por "tener la capacidad para realizar algo" y "llevar a cabo efectivamente la realización de algo".

Volviendo a la primera pregunta: "¿Qué son las cosas?" –pregunta estrictamente metafísica– Ortega responde: *"una cosa es, ante todo, la serie de condiciones que la hacen posible"*; es decir, el conjunto de sus "pre-cosas" (que se puede entender como sus "condiciones de existencia"). Eso son las *"pre-cosas"* de la cosa.

Entre esas "pre-cosas" hay que destacar las causas de su aparición: su origen (*status nascendi,* su nacimiento).

Sin embargo, dice Ortega, ser "pre-algo" no significa que se vaya a obtener "el algo" deseado (por ejemplo, si el agua es un compuesto de hidrógeno y oxígeno, en determinadas proporciones, no significa que teniendo hidrógeno por un lado y oxígeno, por otro, que de uno de sus componentes, por separado, que vayamos a obtener agua); es decir, una cosa es la "pre-cosa" y otra (muy distinta) es la "cosa".

Es decir, la "pre-cosa" es una condición necesaria, pero no es más.

Del mismo modo –y valga la analogía anterior–, pero ahora referido a la técnica, una cosa es "tener capacidad técnica" (es decir, la naturaleza creativa del ser humano) y otra, muy distinta, es llegar a desarrollarla y producir una técnica de aparatos e instrumentos.

De igual manera, o por analogía, tener la "capacidad técnica" no significa llegar a desarrollar una "técnica", como de la simple tenencia del oxígeno y del hidrógeno no se obtiene agua.

Ortega aprovecha esta ocasión para establecer una nueva diferencia con los animales: **la imaginación**, que en ellos no existe: *"Sólo en una entidad* (el ser humano) *donde la inteligencia funciona al servicio de una imaginación, no técnica* (pre-técnica), *sino creadora de proyectos vitales, puede constituirse la capacidad técnica."*

Y a continuación inicia una nueva crítica a los ideólogos de la técnica occidental, lo que le lleva a plantearse las diferentes fases por las que ha transcurrido la técnica.

Esta reflexión conduce a Ortega a dos consideraciones:

a) Es un error creer que la actual técnica “europeoamericana” (occidental) es la única que ha existido, como también lo es creer que todo lo demás fue sólo un torpe rudimento y balbuceo hacia ella.

Ha de quedar claro, insiste Ortega, *en que el programa vital y la creencia básica de cada pueblo, época y nación configuran una orientación a la técnica*, cualquiera que sea, y que tan importante es una como otra desde la perspectiva de la vida.

En fin, a lo que aspira Ortega es a contrarrestar esta tendencia (eurocéntrica) al señalar que la actual técnica occidental es *una más* en el amplio y multiforme panorama de las diferentes técnicas que han existido.

b) Esbozar el planteamiento de las distintas épocas históricas de la técnica, asunto al que va a dedicar los capítulos siguientes.

Lo que en realidad importa saber es porqué aun siendo el hombre un ser siempre técnico, sólo sea en el siglo XIX cuando se haya alcanzado la “época de la técnica”.

ESQUEMA lección VIII

- Para explicar el ser de la técnica, Ortega reflexiona sobre “la cosa” y sus condiciones.
- La cosa está compuesta por unos “ingredientes” o requisitos, que son sus “condiciones de posibilidad” para ser. Estos ingredientes, que cuando son estudiados, se aíslan y definen, los denomina “*pre-cosa*” o “el ser de la cosa”.
- La realización de la técnica ocurre cuando hay un proyecto o programa vital previo.
- La inteligencia la poseen tanto el hombre como el animal. Pero ésta se puede perder en sus infinitas posibilidades convirtiéndose en una función puramente mecánica. Sin embargo, el hombre posee imaginación, la cual le permite crear ese proyecto vital, y memoria, para conservarlo. Aquí la inteligencia estará al servicio de dicha imaginación creadora posibilitando la realización de la técnica.
- Este aspecto revela que la tendencia etnocentrista que defiende que solo hay una técnica –la occidental– es falsa. Para Ortega, a cada proyecto y estilo de humanidad le corresponde una técnica, constituyéndose así un vastísimo y multiforme panorama de técnicas humanas.
- Propone definir los grandes estadios de la evolución de la técnica que abarca desde la edad de piedra a la actual.

IX. LOS ESTADIOS DE LA TÉCNICA

[IDEA PRINCIPAL: El "tecnicismo" como criterio para diferenciar los estadios de la técnica; exposición de la técnica primitiva o del azar].

A la hora de organizar las etapas de la evolución de la técnica hay que rechazar criterios superficiales, como el de la aparición de un gran invento. Por ejemplo: la pólvora, la imprenta, la brújula y el compás, ejemplos de técnicas antiguas que no tuvieron su utilidad hasta mediados del siglo XV, que es cuando se pudo entender su significado y aplicaciones.

Es decir, no había conciencia de su valor y poder y hubo que esperar hasta el siglo XV para "ser entendidas".

Al establecer el criterio para referirse a las etapas de la técnica, Ortega propone cambiar el anterior criterio ("los grandes inventos", que es un criterio ontológico) por un criterio de corte antropológico: ***la conciencia del ser humano del poder y posibilidades de la técnica***, que en palabras de Ortega es: *"la idea que el hombre ha ido teniendo de su técnica"*.

Por eso, no hay que referirse a un descubrimiento particular, sino a la confianza general de lo que la mente pueda idear y planificar (además de ejecutar).

A partir de este principio se establecen tres estadios en la evolución de la técnica:

1. La técnica del azar.
2. La técnica del artesano.
3. La técnica del ingeniero ("técnico", dice Ortega).

1. La técnica del azar

Corresponde a los pueblos primitivos de todos los tiempos.

El ser humano no tiene conciencia del poder de la mente para los descubrimientos, que son producto del azar o de la casualidad.

Por ello:

a) los logros técnicos (los aparatos) son muy escasos;
b) además no hay gran diferencia con lo que realiza la naturaleza y son considerados como "casi" naturales;
c) no hay especialistas, aunque sí que se produce una "división social del trabajo" (trabajos de hombres y trabajos de mujeres);
d) no hay conciencia de que se puede "inventar" (es decir, no hay conciencia de un problema, de su planteamiento y de las maneras de solucionarlo); son descubrimientos del azar, de la casualidad;
e) los descubrimientos tienen, por tanto, una consideración mágica. *"El hombre no se sabe inventor de sus propios inventos"*.

ESQUEMA lección IX

– Para Ortega un principio para periodizar la evolución de la técnica es atender a la idea que el hombre ha tenido de la función técnica en general.

Distingue tres enormes estadios en la evolución de la técnica:

A) La técnica del azar

B) La técnica del artesano

C) La técnica del técnico

La técnica del azar

– Es la técnica primitiva del hombre pre y proto-histórico y del actual salvaje.

– El hombre primitivo desconoce el carácter esencial de la técnica, no sabe que puede inventar –no se reconoce como *homo faber*–. Es el ensayo-error, el puro azar, quien produce una situación novedosa y útil.

– Sus actos técnicos son escasos, y sencillos, siendo ejercitados indiscriminadamente por todos los miembros de la colectividad. Es un comportamiento básicamente animal.

X. LA TÉCNICA COMO ARTESANÍA. –LA TÉCNICA DEL TÉCNICO

[IDEA PRINCIPAL: descripción las características de la técnica del artesano].

2. Técnicas del artesano y del técnico

Sus características son:

1) Las técnicas han crecido enormemente y empiezan a ser importantes, aunque no hasta el extremo de que la pérdida de algún conocimiento técnico signifique un retroceso a un estadio primitivo.

2) Las técnicas se han hecho más complicadas y se precisan “especialistas” (“los artesanos”) para llevarlas a cabo (piénsese en un herrero, por ejemplo).

3) Aunque no hay una conciencia clara del poder de la técnica, sí que hay un sentimiento de que se necesitan conocimientos y habilidades especiales. Gentes especiales para llevarlas a cabo.

4) Se precisa se una educación en la técnica (los maestros y los aprendices).

5) Lo importante es "hacerlo como se ha hecho toda la vida" (la tradición se impone a la innovación. En esta época un "maestro" evitaba dar a conocer sus "fórmulas mágicas" para evitar que se le copiara, con lo que contribuía a que no hubiera innovación; piénsese en un "maestro" perfumero o en un fabricante de instrumentos musicales).
6) En esta fase, la técnica humana sólo produce instrumentos para manipular la naturaleza (herramientas y útiles), pero no llega a producir máquinas (que son características del siguiente estadio). (Nótese que en este apartado Ortega se adelanta a su propia clasificación de la técnica y se explaya con algunas características de la máquina, lo cual no corresponde a este estadio sino al siguiente).
7) Si el proceso de elaboración de una técnica consiste en dos estadios: "pensarla" y "ejecutarla", esa distinción (propia del siguiente estadio en la evolución de la técnica) no ocurre en este estadio: *"el artesano es, a la par e indivisiblemente, el técnico y el obrero"*.

En resumen: el artesano no tiene conciencia (ni tampoco la sociedad) del poder ilimitado de la técnica.

Ortega reconoce que él mismo ya ha adelantado algunas características del próximo estadio: la máquina (apartado 6) y la técnica como un "plan de pensamiento" (apartado 7) capaz de imaginar lo inimaginable y llegar a conseguirlo.

Estos puntos de vista le dan pie a Ortega a hacer una nueva reflexión: puesto que la técnica nos coloca en el abismo de poder ser todo (cualquier cosa), hace que ahora mismo no seamos nada; que *de tanta posibilidad de ser, que no seamos nada*.

ESQUEMA lección X

La técnica del artesano (del V milenio a. C. hasta el siglo XVIII).

- Es la técnica de Grecia, Roma y Edad Media.
- En este estadio se da un enorme crecimiento de los actos técnicos, aunque la base sobre la que el hombre se apoya continúa siendo natural.
- El hombre adquiere ya una conciencia de la técnica como algo especial y aparte. Surgen los artesanos, que son quienes se encargan de lo técnico. Tienen que aprender en un largo aprendizaje técnicas ya elaboradas y que son resultado de una larga tradición. Pero todavía no se tiene conciencia de la creatividad del "inventar".
- La técnica deja de ser manipulación, maniobra y se convierte en fabricación.
- La idea de la técnica no se diferencia ni se aísla del hombre que la ejercita porque los inventos sólo son de instrumentos y no de máquinas.

- En la artesanía el utensilio, la herramienta, es un complemento del artesano, siendo él todavía el actor principal. Con la llegada de la máquina, el instrumento pasa a primer plano y el ser humano simplemente la ayuda. Por ello, cuando esto acontece, el hombre sabe que la técnica es una función independiente del hombre natural.
- Si resulta que el desarrollo de la técnica se centra en dos polos:
  a) "el técnico", que es el inventor de un plan de actividades, de un método, y
  b) "el obrero", que es el ejecutor del plan anterior,

Resulta que en este segundo estadio el artesano es, conjuntamente, técnico y obrero, lo cual contribuye a impedir una conciencia adecuada de la técnica. En el tercer estadio –el próximo– la disociación del artesano en su doble función (técnico y obrero) será una característica crucial.

La técnica del técnico (desde el s. XIX al presente)

- El ser humano adquiere la conciencia de que posee una capacidad distinta de las rígidas e inmutables que integran su parte natural o animal.
- Ni la técnica es azar (estadio primitivo), ni es la facultad de un cierto tipo de personas con una determinada habilidad técnica (estadio del artesano), sino que es una *indiscriminada* facultad humana, en principio ilimitada y capaz de cualquier cosa imaginada.
  En un sentido negativo: la conciencia de esta ilimitación contribuye a que el ser humano deje de saber quién *verdaderamente* es, porque al sentirse capaz de todo lo imaginable, ya no sabe lo que efectivamente es y puede llegar a ser, vaciándosele la vida.

XI. RELACIÓN EN QUE EL HOMBRE Y SU TÉCNICA SE ENCUENTRAN HOY.– EL TECNICISMO ANTIGUO.

[IDEA PRINCIPAL: descripción las características de la técnica del técnico].

Continúan las características ya iniciadas para el técnico en la lección anterior.

Corresponde a los siglos XIX y XX (de Europa y América).

1) Crecimiento inusitado de actividades técnicas (tanto de planificación como de ejecución), que superan la naturalidad humana.
2) El hombre ya no puede vivir sin la técnica. *"Si ésta retrocediese súbitamente, cientos de de millones de hombres dejarían de existir"*.
3) La humanidad ha creado una fabulosa *sobrenaturaleza* artificial que induce a pensar que todos esos instrumentos y aparatos exis-

ten en el mundo por sí mismos y desde siempre como dones regalados y no como esfuerzos humanos (que es lo mismo que pensaba el hombre primitivo de lo que la naturaleza le ofrecía).

4) La aparición de la máquina invierte la relación entre el utensilio y el hombre: en épocas anteriores, los utensilios y herramientas servían al hombre (la azada para labrar la tierra; el hacha y la sierra para cortar madera, etc. y estaban al servicio del artesano; ahora es el hombre quien sirve a la máquina: *"Una fábrica es hoy un artefacto independiente al que ayudan en algunos momentos unos pocos hombres, cuyo papel resulta modestísimo"*).
5) Obrero y técnico, como papeles sociales y creativos, se separan. Aparece la figura del ingeniero.
6) El técnico –y también el entramado social– sabe y tiene conciencia de que puede inventar cualquier cosa.
7) Distinción entre "técnica" y "tecnicismo": el "tecnicismo" (la "tecnología") es el método intelectual (mental; conjunto ordenado de ideas y pensamientos que persiguen un fin) que posibilitan y permiten la producción material de aparatos e instrumentos (la "técnica").

   El "tecnicismo" es la capacidad de creación, mientras que la "técnica" es el conjunto de resultados alcanzados.
8) El "tecnicismo" (la "tecnología") es, pues, la existencia de una mentalidad o ideología que se tiene para transformar la naturaleza, sin necesidad de quedar vinculado a un logro o descubrimiento particular. El "tecnicismo" (la "tecnología") es tener conciencia (el darse cuenta) de que el ser humano tiene una capacidad inventiva y creativa que no tiene límites.

ESQUEMA lección XI

- En este estadio, siglos XIX y XX, los supuestos técnicos de la vida superan a los naturales; es decir, materialmente, el hombre no puede vivir sin la técnica. Si ésta retrocediese, cientos de millones de hombres dejarían de existir.
- El hombre de hoy está adscrito a su sobrenaturaleza como el primitivo lo estaba a su entorno natural. El actual ser humano se encuentra rodeado de una tan fabulosa cantidad de objetos y procedimientos creados por la técnica, que le configuran un paisaje artificial tan tupido que oculta el natural, haciéndole creer que todo ello está ahí de "manera natural", como algo dado y sin previo esfuerzo. Volvemos, pues, como en el caso del ser primitivo, a la creencia de que lo que existe, aunque sean logros del esfuerzo de la técnica humana, aparezca como dones naturales.

- Se pasa del instrumento a la máquina. La máquina reduce al ser humano a mero auxiliar. La fábrica es un artefacto autónomo en el que actúan muy pocos hombres y encima con un papel modestísimo. Surge la figura del ingeniero o el técnico, separada del obrero.
- En los dos primeros estadios de la técnica, el inventar no constituía un oficio porque el hombre ignoraba su propio poder de invención. Ahora el técnico se dedica a inventar, como la actividad más normal. Está seguro de lograr descubrimientos. Cree poseer un poder ilimitado.
- El "tecnicismo" ha sufrido, pues, una radical transformación. Por una parte no hay técnica sin tecnicismo –método intelectual que opera en la creación técnica–, pero sólo con el tecnicismo no tenemos técnica. No basta con tener la facultad técnica, sino que hay que ejecutarla.

XII. EL TECNICISMO MODERNO.– LOS RELOJES DE CARLOS V.– CIENCIA Y TALLER.– EL PRODIGIO DEL PRESENTE.

[IDEA PRINCIPAL: el tecnicismo moderno y la física moderna: hijos de la misma matriz].

En la lección final, Ortega se entrega a la comparación de la técnica moderna y de la ciencia clásica del siglo XVII, destacando dos aspectos:

a) Son hijas de una misma matriz ideológica.
b) El desarrollo de la ciencia se basa en el desarrollo de las técnicas, que en sus comienzos resultan casi indisolubles.

ESQUEMA lección XII

- El tecnicismo de la técnica moderna coincide en sus fechas con el inicio la nueva física y con los mismos protagonistas.
- En los siglos XVI y XVII aparece una nueva manera de pensar a la hora de interpretar el mundo y su entorno físico –en oposición a las tradicionales formas de hacerlo (platonismo y aristotelismo)–. El precursor fue Leonardo da Vinci: artesano, pero inventor convencido.
- Hasta Galileo (siglo XVII), padre de la ciencia, "mecánica" significará las máquinas y su arte.
- En ese tiempo, como una moda, todo el mundo quería tener aparatos y como ejemplo, Carlos V, en su retiro final al Monasterio de Yuste, se lleva a un inventor de relojes.

– La ciencia física, nace en el ejercicio de la técnica. El *nuevo tecnicismo* procede de la misma manera que la *nueva ciencia*. Sus soportes son: "método", "análisis" –descomposición de algo en sus causas– y "experimento".

– El pensamiento es primordialmente físico. La física aúna el puro pensar *a priori* de la mecánica y el puro interpretar el mundo con los sentidos: razón y experimento unificados.

– Siglos XIX y XX son los propios de la técnica del técnico con una progresión geométrica tanto en los inventos técnicos como en los avances de la ciencia. Todo ello nos lleva a una situación incuestionable: la casi ilimitación de posibilidades en la técnica material contemporánea.

– La cuestión final es la siguiente: si esta ilimitación de posibilidades vacía el concepto de libertad y elección; si esta época del tenerlo todo relega a la del ser, olvidando que el progreso tiene que ser moral y espiritual, porque como acaba diciendo Ortega: *"la vida humana no es sólo lucha con la materia, sino también lucha del hombre con su alma"*.

IV.
ACTIVIDADES

ACTIVIDADES Introducción

1ª pregunta: Sintetiza las ideas del texto marcado de la página 51 (de "Hoy el hombre" hasta "hombre como tal") mostrando en tu resumen la estructura argumentativa o expositiva desarrollada por el autor.

2ª pregunta: Define y relaciona los siguientes conceptos partiendo de la información ofrecida por el texto y completándola con el conocimiento que tengas de la filosofía del autor:

– naturaleza y sobrenaturaleza.
– el hombre como tal.

3ª pregunta:

Redacción: La universidad y la técnica sus desencuentros.

Otras actividades:

– ¿Cuál es el error de la Universidad según Ortega? Explica las posibles causas de este error.
– ¿Qué entiende Ortega por "sobrenaturaleza"? (ver vocabulario)
– ¿Por qué dice Ortega que "La técnica se ha insertado entre las condiciones ineludibles de la vida humana"?
– Vincula "técnica, naturaleza y sobrenaturaleza". (ver vocabulario)

ACTIVIDADES lección I

1ª pregunta: Sintetiza las ideas del texto marcado en la página 59 (de "Lo cual inesperadamente" hasta "arma el automóvil") mostrando en tu resumen la estructura argumentativa o expositiva desarrollada por el autor.

2ª pregunta: Define y relaciona los siguientes conceptos partiendo de la información ofrecida por el texto y completándola con el conocimiento que tengas de la filosofía del autor:

Necesidades. (ver vocabulario)
Naturaleza. (ver vocabulario)
Circunstancia. (ver vocabulario)
Ensimismamiento. (ver vocabulario)

Otros conceptos importantes relacionados:
Instinto y necesidad.
Naturaleza y sobrenaturaleza. (ver vocabulario)
Hombre y animal. (ver vocabulario)
Técnica. (ver vocabulario)
Actos técnicos. (ver vocabulario)

3ª pregunta: Redacción: Técnica y necesidades.

Otras actividades:
- ¿Qué significa que *"el hombre, por lo visto, no es su circunstancia, sino que está solo sumergido en ella"*?
- Explica el significado de *"la técnica es la reforma de la naturaleza"*.
- ¿De qué es creadora la técnica? ¿Qué supone la técnica para el hombre?

ACTIVIDADES lección II

1ª pregunta: Sintetiza las ideas del texto marcado en la página 63-64 (de "No tiene duda" hasta "voluntad del sujeto") mostrando en tu resumen la estructura argumentativa o expositiva desarrollada por el autor.

2ª pregunta: Define y relaciona los siguientes conceptos partiendo de la información ofrecida por el texto y completándola con el conocimiento que tengas de la filosofía del autor.
Diferencias entre el hombre y el animal. (ver vocabulario)
Necesidad animal y necesidad humana. (ver vocabulario)
Técnica. (ver vocabulario)
Vivir bien. (ver vocabulario)
Hombre, técnica y bienestar. (ver vocabulario)
Estar y bienestar. (ver vocabulario)
Lo superfluo.
Aténico.

3ª pregunta:
Redacción 1: El "estar" animal y el "bienestar" humano.
Redacción 2: Naturaleza y vida.
Redacción 3: Naturaleza y sobrenaturaleza.

Otras actividades:
- Tipos de actos del hombre y del humano.
- ¿Por qué dice Ortega que *"el hombre no tiene empeño alguno por estar en el mundo"*?
- ¿Qué significa que la técnica es *"un movimiento en dirección inversa a todos los biológicos"*?
- Diferencia las necesidades objetivamente necesarias de las superfluas e indica cuáles son las fundamentales para el hombre y por qué.

– ¿Cuál es el rango de las necesidades humanas?
– ¿Qué significa que "La técnica es la producción de lo superfluo"?
– Explica el significado de la siguiente afirmación: *"Hombre, técnica y bienestar son, en última instancia, sinónimos"*.

ACTIVIDADES lección III

1º. TEXTO

1ª pregunta (a): Sintetiza las ideas del texto marcado en la página 67 (de "Tenemos pues," hasta "con el hombre") mostrando en tu resumen la estructura argumentativa o expositiva desarrollada por el autor.

2ª pregunta (a): Define y relaciona los siguientes conceptos partiendo de la información ofrecida por el texto y completándola con el conocimiento que tengas de la filosofía del autor.

Acto técnico. (ver vocabulario)
Esfuerzo para ahorrar esfuerzo.
Esfuerzo ahorrado.
Vida. (ver vocabulario)

3ª pregunta (a):

Redacción 1: La técnica como el esfuerzo para ahorrar esfuerzos y sus consecuencias.
Redacción 2: Ocio y ensimismamiento.

2º. TEXTO

1ª pregunta (b): Sintetiza las ideas del texto marcado en la página 68 (de "Y he aquí" hasta "es técnico?") mostrando en tu resumen la estructura argumentativa o expositiva desarrollada por el autor.

2ª pregunta (b): Define y relaciona los siguientes conceptos partiendo de la información ofrecida por el texto y completándola con el conocimiento que tengas de la filosofía del autor.

El raro misterio del ser del hombre.
Vida inventada. (ver vocabulario)

3ª pregunta (b):

Redacción: la vida inventada.

Otras actividades

– ¿La técnica es fija o progresiva para Ortega?
– Explicar la idea "el esfuerzo para ahorrar esfuerzo".
– ¿Por qué dice Ortega que *"la vida humana y todo en ella es un constante y absoluto riesgo"?*
– Explica la frase *"el hombre una especie de novelista de sí mismo"*.
– ¿Por qué "no hay hombre sin técnica"?
– ¿Qué hacen los hombres con el tiempo ganado por el ahorro de esfuerzo?

ACTIVIDADES lección IV

1ª pregunta: Sintetiza las ideas del texto marcado en la página 70 (de "Y todo esto" hasta "de mágicos reflejos") mostrando en tu resumen la estructura argumentativa o expositiva desarrollada por el autor.

2ª pregunta: Define y relaciona los siguientes conceptos partiendo de la información ofrecida por el texto y completándola con el conocimiento que tengas de la filosofía del autor.

El ser del hombre y el ser de la naturaleza. (ver vocabulario)
Proyecto de vida. (ver vocabulario)
Natura y extranatural. (ver vocabulario)
Pretensión de ser.
Otros conceptos importantes relacionados:
Mundo.
Facilidades y dificultades (para vivir en la naturaleza).
Naturaleza, circunstancia y mundo. (ver vocabulario)

3ª pregunta:

Redacción 1: Facilidades y dificultades en la relación entre el ser humano y su circunstancia.
Redacción 2: El "programa de ser".

Otras actividades:

- ¿Qué posibilidades se le presentan al hombre en su circunstancia vital?
- ¿Qué significa que el hombre tiene que *"hacerse en cada momento su propia existencia"*?
- ¿Por qué dice Ortega que el hombre es *"una especie de centauro ontológico"*?
- Explica: *"El hombre no es una cosa, sino una pretensión"*.
- ¿Qué significa que el hombre es un ser programático?
- Qué quiere significar Ortega cuando afirma que: *"Eso que llamamos naturaleza, circunstancia o mundo no es originariamente sino el puro sistema de facilidades y dificultades con que el hombre-programático se encuentra"*.

ACTIVIDADES lección V

1ª pregunta: Sintetiza las ideas del texto marcado en la página 74-75 (de "Si nuestra existencia" hasta "el deseo original") mostrando en tu resumen la estructura argumentativa o expositiva desarrollada por el autor.

2ª pregunta: Define y relaciona los siguientes conceptos partiendo de la información ofrecida por el texto y completándola con el conocimiento que tengas de la filosofía del autor.

Hombre y mundo.
Programa vital humano.
Pre-técnico.
Otros conceptos importantes relacionados:
Vida. (ver vocabulario)
Inadaptado.
Otium/nec-otium.
Términos *a quo/ad quem*.

3ª pregunta:

Redacción 1: El animal fantástico y la evolución de la técnica.
Redacción 2: La "pre-técnica".

Otras actividades:

– ¿Por qué dice nuestro filósofo que *"el programa vital es pre-técnico"*?

ACTIVIDADES lección VI

1ª pregunta: Sintetiza las ideas del texto marcado en la página 77 (de "Dicho de otra forma" hasta "de la técnica") mostrando en tu resumen la estructura argumentativa o expositiva desarrollada por el autor.

2ª pregunta: Define y relaciona los siguientes conceptos partiendo de la información ofrecida por el texto y completándola con el conocimiento que tengas de la filosofía del autor.

Lo que aún no es.
Programa de ser.
Otros conceptos importantes relacionados:
Programa *pretécnico*.
Bodhisatva.
Gentleman.

3ª pregunta:

Redacción: Las dificultades de la técnica en el budismo, en relación a otros programas de ser.

Otras actividades:

– ¿En qué condición radical de nuestra vida es donde prende el hecho de la técnica?
– ¿Por qué la técnica es función del variable programa humano?

– Explica el significado de: *"ese programa que afirmamos ser el hombre, y para servir al cual se afana la técnica, suena a algo místico e inconcretable"*.
– Describe las distintas circunstancias y valoraciones del programa pretécnico del budista.
– ¿Ser *bodhisatva* es lo contrario a la propuesta orteguiana?
– ¿Qué está queriendo significar Ortega al hablarnos sobre el *bodhisatva* y el *gentleman*?
– Retrata la primera aproximación que se hace del *gentleman* y relaciónala con la importancia de la técnica para Ortega.

ACTIVIDADES lección VII

1ª pregunta: Sintetiza las ideas del texto marcado en la página 81 (de "Ahora bien," hasta "a toda costa su fin") mostrando en tu resumen la estructura argumentativa o expositiva desarrollada por el autor.

2ª pregunta: Define y relaciona los siguientes conceptos partiendo de la información ofrecida por el texto y completándola con el conocimiento que tengas de la filosofía del autor.

Juego.
Fair-play.
Otros conceptos importantes relacionados:
Gentleman.
Hidalgo.

3ª pregunta:

Redacción 1: *Gentleman* e *Hidalgo*.
Redacción 2: La metáfora del "juego" en la idea de técnica.

Otras actividades:
– Analiza la figura del "*gentleman*" y realiza una reflexión crítica en el marco de *Meditación de la técnica*.
– ¿Qué significa ser "jugador" y cuáles son sus notas más significativas?
– Contrasta las figuras del *bodhisatva*, del *gentleman* y del hidalgo. Destaca sus respectivos aspectos positivos y negativos.
– ¿Cuál y cómo es la combinación entre el *gentleman* y el *hidalgo*?

ACTIVIDADES lección VIII

1º. TEXTO

1ª pregunta (a): Sintetiza las ideas del texto marcado en la página 84 (de "¿Qué tal es" hasta "se ve nacer") mostrando en tu resumen la estructura argumentativa o expositiva desarrollada por el autor.

2ª pregunta (a): Define y relaciona los siguientes conceptos partiendo de la información ofrecida por el texto y completándola con el conocimiento que tengas de la filosofía del autor.

Pre-cosa.
Status nascendi.
Ingredientes.

3ª pregunta (a):
Redacción: Pre-cosa, método y bienestar.

2º. TEXTO

1ª pregunta (b): Sintetiza las ideas del texto marcado en la página 85 (de "Sin embargo," hasta "la capacidad técnica") mostrando en tu resumen la estructura argumentativa o expositiva desarrollada por el autor.

2ª pregunta (b): Define y relaciona los siguientes conceptos partiendo de la información ofrecida por el texto y completándola con el conocimiento que tengas de la filosofía del autor.

Animal y hombre.
Inteligencia e imaginación.

3ª pregunta (b):
Redacción: Razón e Imaginación.

Otras actividades:
- ¿No hay verdaderamente más que una técnica, la actual "europeo-americana"? Razona tu respuesta.

ACTIVIDADES lección IX

1ª pregunta: Sintetiza las ideas del texto marcado en la página 87 (de "A mi entender," hasta "ningún otro tiempo") mostrando en tu resumen la estructura argumentativa o expositiva desarrollada por el autor.

2ª pregunta: Define y relaciona los siguientes conceptos partiendo de la información ofrecida por el texto y completándola con el conocimiento que tengas de la filosofía del autor.

Evolución de la técnica. (ver vocabulario)
Idea de su técnica.
Otros conceptos importantes relacionados:
Azar.
Homo faber.
Trial and error (ensayo y error).

3ª pregunta:
Redacción 1: Naturaleza, historia y técnica.
Redacción 2: La conciencia del poder de la técnica.

Otras actividades:

- ¿Es el invento quien decide el tipo de estadio de la técnica? Razona tu respuesta.
- ¿Cuál es para Ortega el principio para periodizar la evolución de la técnica?
- ¿Qué tres estadios en la evolución de la técnica distingue Ortega?
- ¿Por qué la técnica del azar es la propia del hombre primitivo?
- Define "técnica del azar" partiendo de la información ofrecida por el texto y completándola con el conocimiento que tengas de la filosofía del autor: "*El repertorio de actos técnicos que usufructúa el primitivo... Entonces la fija como hábito*".

ACTIVIDADES lección X

1ª pregunta: Sintetiza las ideas del texto marcado en la página 91 (de "Tampoco el modo" hasta "formal de tradición") mostrando en tu resumen la estructura argumentativa o expositiva desarrollada por el autor.

2ª pregunta: Define y relaciona los siguientes conceptos partiendo de la información ofrecida por el texto y completándola con el conocimiento que tengas de la filosofía del autor.

Artesano y artesania.
"Instrumento" y "máquina".
Conciencia de invento.

3ª pregunta:

Redacción: El tecnicismo como criterio organizador de la técnica frente a otros criterios.
Redacción: Principales diferencias entre los estadios de la técnica.

Otras actividades:

- ¿Qué caracteriza al segundo estadio de la técnica?
- Explica la siguiente oración: *"lo que tiene de sólo humano es lo que tiene de extranatural, pero lo que tiene de fijo y limitado le da un carácter de naturaleza ... sin ampliaciones sustantivas posibles"*.
- ¿Por qué en la artesanía no se concibe la conciencia del invento?
- ¿En qué dos cosas consiste la técnica?
- ¿Qué caracteriza al tercer estadio?
- Distingue al segundo del tercer estadio.
- Señala las características primeras del tercer estadio.
- ¿Por qué dice Ortega que en el tercer estadio al hombre se la vacía la vida?

ACTIVIDADES lección XI

1ª pregunta: Sintetiza las ideas del texto marcado en la página 94 (de "Hoy está la" hasta "técnica del hombre") mostrando en tu resumen la estructura argumentativa o expositiva desarrollada por el autor.

2ª pregunta: Define y relaciona los siguientes conceptos partiendo de la información ofrecida por el texto y completándola con el conocimiento que tengas de la filosofía del autor.

"una técnica y *la* técnica".

Técnico.

Función general técnica.

Otros conceptos importantes relacinados:

"Máquina", "Fábrica" e "Ingeniero".

3ª pregunta:

Redacción 1: Principales diferencias entre los estadios de la técnica.

Redacción 2: Técnico y obrero.

Otras actividades:

– ¿Por qué dice Ortega que hoy el hombre no puede vivir sin la técnica?

– ¿Cuáles son las debilidades del tecnicismo antiguo?

ACTIVIDADES lección XII

1ª pregunta: Sintetiza las ideas del texto marcado en la página 97 (de "Importa mucho subrayar" hasta "fenómenos ingredientes") mostrando en tu resumen la estructura argumentativa o expositiva desarrollada por el autor.

2ª pregunta: Define y relaciona los siguientes conceptos partiendo de la información ofrecida por el texto y completándola con el conocimiento que tengas de la filosofía del autor.

Física y técnica.

Analiza (analizar).

Otros conceptos importantes relacionados:

Tecnicismo.

Método, análisis y experimento.

3ª pregunta:

Redacción 1: El tecnicismo y evolución.

Redacción 2: Tecnicismo, circunstancia y proyecto de vida.

Otras actividades:

– ¿Qué diferencia se establece entre el tecnicismo antiguo y el moderno?

– ¿Por qué destaca que da Vinci es hombre de taller y que el joven Galileo no está en la Universidad, sino en los arsenales?

– *"El nuevo tecnicismo, en efecto, procede exactamente como va a proceder la nuova scienza"*. Explica esta respuesta de Ortega.

– ¿Cuál es la *"sin par virtud"* de la física para Ortega?

– ¿Qué aspectos positivos y negativos ha supuesto para el ser humano el progreso social que se está dando en la técnica material contemporánea?

4ª pregunta: (para cualquier examen)

Su formulación invariable será la siguiente: *«Comenta brevemente cualquier aspecto del pensamiento del autor del texto que juzgues importante en alguno de estos sentidos: por su relación con el de otros filósofos, con hechos históricos relevantes (especialmente si son coetáneos del autor o tienen relación con su vida) o con rasgos significativos del mundo contemporáneo»*.

Es aconsejable que la respuesta a esta pregunta, puesto que su temática y contenido es de *libre decisión* del alumnado, que la lleve elaborada al haber estudiado la filosofía del autor.

En las diferentes propuestas señaladas en el libro se sugieren ya algunas líneas para abordar la reflexión personal que nos demanda este tipo de pregunta, y a ellas nos remitimos.

Se puede hablar de:

1. Relación con otros filósofos. Por ejemplo: con Heidegger.
2. Actualidad del autor.
3. Acontecimientos históricos del siglo XX.
4. Actitud de Ortega en la Dictadura de Primo de Rivera y durante la II República española.
5. Influencia de otras corrientes filosóficas.
6. El panorama ideológico sobre la técnica en la primera mitad del siglo XX.
7. Nietzsche (vitalismo) y la Fenomenología (método Jericó).

V.
VOCABULARIO

ANIMAL. Es el ser que coincide con sus condiciones objetivas (circunstancia natural o naturaleza). Su existencia no es más que el sistema de esas necesidades elementales orgánicas o biológicas y el sistema de actos que las satisfacen: la vida o el ser del animal coincide con ese doble sistema. Sin capacidad para ensimismarse, el animal está indefectiblemente prendido de las necesidades.

Por todo ello, el animal es "atécnico": se contenta con vivir (estar en la naturaleza) y con lo objetivamente necesario para el simple existir.

ANIMAL FANTÁSTICO. Tomando la expresión de Nietzsche, Ortega se refiere con esta calificación al ser humano en tanto que ha de realizarse a sí mismo, precisamente mediante la imaginación y la fantasía, pues su vida consiste en proyectársela –proyectarla hacia el futuro– y, para ello, el elemento imprescindible es la imaginación (pre-técnica). En tanto que es el único ser que tiene que luchar contra la naturaleza para vivir (forjándose un mundo nuevo; un mundo humano donde vivir), fantasía y técnica son términos que se complementan.

BIENESTAR: "Vivir" significa para el ser humano no un simple estar, sino un *bienestar*. Esto quiere decir que además de necesidades biológicas tiene otras necesidades fundamentales que son las necesidades que le liberan de los vínculos animales y le llevan al bienestar. El hombre, con la técnica, ha conseguido poner sus necesidades biológicas de calor, alimento... en un segundo nivel.

El animal es muy diferente con respecto al hombre en lo referente a las necesidades. Al animal lo único que le preocupa es la supervivencia, pues sólo tiene necesidades biológicas; mientras que para el ser humano, sin embargo, las necesidades biológicas están en un segundo plano. Esto quiere decir que al ser humano ya no le preocupa el *estar en el mundo* sino el estar cómodamente en él. Todas sus necesidades están encaminadas al bienestar.

CIRCUNSTANCIA: El concepto circunstancia es fundamental en la filosofía de Ortega y forma parte de una de sus expresiones más conocidas: *yo soy yo y mi circunstancia y si no la salvo a ella no me salvo yo*.

En concreto, Ortega le otorga varias interpretaciones:

1) paisaje concreto de cada individuo (o generación);
2) lo que en nuestra vida nos es dado e impuesto;
3) conjunto de posibilidades (dificultades y facilidades): aquí es estrictamente el mundo natural.

En este último sentido es como hay que leer la *Meditación de la técnica*. El mundo natural es, sobre todo, "resistencia contra mí". Pero, en general, podemos considerar que la circunstancia o mundo la concibe Ortega como una tupida red de facilidades y de dificultades. El mundo, en el acontecimiento primario que es la vida de cada cual (yo, mi vida), no se compone de cosas u objetos, sino de lo que esas cosas u objetos son *para mí*; por tanto, el mundo se configura como un conjunto de *posibilidades* (facilitaciones u obstáculos y resistencias) para mi existencia.

Este existir rodeado tanto de facilidades como de dificultades es el que da su especial carácter ontológico a la realidad que llamamos "vida humana". Entendida en su relación con la técnica, cabe pensarla como un mundo en que el *estar* no es pasivo para el hombre sino que tiene, a la fuerza y constantemente, que luchar contra las dificultades: tiene que *hacerse* su propio mundo.

CULTURA: La cultura es la seguridad y reflexión sobre la vida; es la misión del hombre sobre la tierra, volverse sobre su circunstancia y preguntar qué son las cosas. Por eso la cultura es el menester imprescindible de toda vida, una dimensión constitutiva de la existencia humana.

ENSIMISMAR(SE); ENSIMISMAMIENTO: Ensimismar(se) consiste en fijarse en uno mismo, en las características de la propia vida interior; es lo que en un lenguaje coloquial pudiéramos entender como "recapacitar".

Ensimismamiento quiere decir recogimiento en la intimidad de uno mismo, desentendido del mundo exterior.

FILOSOFÍA: La filosofía la entiende Ortega como el *conocimiento y estudio radical de la totalidad del Universo*. Sus características son:

(a) **la radicalidad**: la razón de la filosofía es la rebeldía contra la realidad tal como de modo natural se nos presenta y tal como acepta nuestra conciencia ingenua: por eso se plantea los problemas últimos y primeros, y se esfuerza en pensarlos de modo radical;

(b) **la autonomía**: la filosofía no puede tomar prestadas las verdades conquistadas por otros saberes: es una ciencia sin suposiciones);

(c) **el universalismo**: a la filosofía le interesa el Universo entero y en general, esto es, "todo cuanto hay";

d) finalmente, es un **conocimiento teórico**: la filosofía consiste en un conjunto de conceptos expresable e intersubjetivo.

HOMBRE (y METAFÍSICA): El ser humano es un ser indigente, una especie de "peregrino del ser" (porque todavía no es lo que tiene que ser); es el animal extraño que debe hacer su vida inventándosela; es el ser cuya vida es un "quehacer", porque aunque la vida biológica le es dada, la vida humana tiene que hacérsela él mismo, a diferencia del animal, que la tiene dada y hecha (adecuada la su circunstancia natural o condiciones objetivas del medio natural).

HOMBRE (y TÉCNICA): El ser humano es una entidad infinitamente plástica de la que se puede hacer lo que se quiera, precisamente porque ella no es de suyo nada, sino mera *potencia* para ser. Esta plasticidad del ser humano consiste en entenderlo –individual y socialmente– como:

(a) un animal ilimitado, que puede llegar a ser infinidad de cosas (el ser humano no es natural, no tiene naturaleza ni está adscrito a un tipo fijo);

(b) heredero de sus antecesores (de sus aciertos y de sus errores); al ser heredero, Ortega afirma que la naturaleza del hombre no es inmutable sino todo lo contrario: el hombre no tiene naturaleza sino que es lo que es porque lo ha recibido de los que le precedieron. Ser heredero significa, entonces: que el ser del hombre consiste en su mutabilidad; que esa mutabilidad se puede estudiar en la historia. Es un *ser histórico*, en eso consiste su "naturaleza humana", en ser "historia".

MEDITACIÓN: Es un ejercicio de "salvación filosófica". Se trata de un modo de indagar (apoyada en el "método Jericó") y de expresar las ideas logradas que sigue una trayectoria pelicular que sugiere una espiral. Ortega comienza describiendo el aspecto superficial, confuso, opaco, huidizo, insuficiente del objeto estudiado y va profundizando en el trazando una espiral. *Meditación de la técnica* es una muestra clara.

MÉTODO: Llama Ortega a su modo de proceder "método Jericó". Consiste éste en "dar vueltas" alrededor de los significados de un hecho o situación, tratando de alcanzar y desvelar su naturaleza. Lo que se averigua o desvela de este modo es el contenido histórico y vital del asunto indagado desde su genealogía hasta la última de sus manifestaciones.

NATURALEZA/SOBRENATURALEZA: La naturaleza es la circunstancia natural con que se encuentra todo ser. Sólo el hombre permanece en ella inadaptado, el resto de seres coinciden con ella. Es la condición objetiva para todos ellos. Para sobrevivir, el ser humano crea una sobrenaturaleza artificial en la que puede alcanzar sus fines.

NECESIDAD: Para el ser humano, no es lo que se necesita para vivir, sino lo superfluo. Hay dos tipos de necesidades: (a) las biológicas y (b) las *humanas*; sólo éstas son "necesidad" para el ser humano.
Necesidades *humanas*, pues, son lo que está fuera del alcance de la naturaleza.
Las primeras nos equiparan con los animales, mientras que las segundas nos caracterizan como seres humanos.
La necesidad humana de *vivir bien* lleva al ser humano, mediante la técnica, por ejemplo, a construir viviendas, mientras que para refugiarse un animal se contenta y conforma con cualquier refugio natural

PROYECTO DE VIDA: El ser del hombre consiste en un *poder ser, tener que ser, llegar a ser*..., en la aspiración a realizar un determinado proyecto vocacional en una determinada realidad circunstancial. Por eso dice Ortega que la pretensión o programa que somos oprime con su peculiar perfil al mundo o circunstancia en torno, y ésta responde a esa pretensión aceptándola o resistiéndola.

RAZÓN VITAL: La razón vital es una forma y función de la vida que consiste en enterarse de la verdad de la vida en una doble vertiente:
(a) hacia la propia intimidad (la *coincidencia del hombre consigo mismo*);
(b) hacia la circunstancia: coincidencia de mi pensamiento conmigo mismo y coincidencia de mi pensamiento con las cosas.
Por lo que hace a la relación entre **razón y vida**, Ortega no va contra la razón en sí misma, sino a favor de la vida como realidad radical; lo que no acepta es la razón pura y todo tipo de *racionalismo*, si éstos excluyen el panorama de la vida. Considera que, aunque fecundo históricamente, fue un error de Sócrates y de los siglos posteriores intentar suplantar a la vida en base a la razón pura. Pero la razón pura *no debe* tratar de sustituir a la vida sino que, contrariamente, debe apoyarse en ella, nutrirse de ella, precisamente porque la razón es sólo una forma y una función de la vida.

TÉCNICA/ACTO TÉCNICO: La técnica no es lo que el hombre hace para satisfacer sus necesidades, sino la reforma de la circunstancia natural, para que haya lo que antes no había en ella. No es que, gracias a la técnica, puedan satisfacerse necesidades objetivas (naturales), sino que éstas resultan suprimidas y el hombre queda liberado de ellas: la técnica adapta el medio (la circunstancia natural) al sujeto y la transforma en circunstancia humana. Dicho de otro modo: la técnica es la reacción enérgica contra la naturaleza o circunstancia que lleva a crear entre ésta y el hombre una *nueva naturaleza* puesta sobre aquella, una sobrenaturaleza. Por eso, el ser humano, en lugar de adaptarse al medio, adapta la naturaleza a sus proyectos creando una sobrenaturaleza artificial: la adaptación del medio al sujeto.

En *Meditación de la técnica* constatamos tres definiciones distintas de la técnica, según va profundizando en su meditación:

1º) es el medio para satisfacer las necesidades humanas;
2º) es la producción de lo superfluo;
3º) es el esfuerzo por liberarnos o minimizar la naturaleza y nos abre al mundo de la invención (mundo que reconocemos como auténticamente humano).

Pero también, hay que distinguir entre "técnica", que Ortega utiliza como la "capacidad intelectual humana de crear métodos y procedimientos para inventar aparatos" (sin que éstos tengan porqué ser realizados), de "actos técnicos" que son la "materialización" de las ideas técnicas anteriores; es decir, su puesta en práctica.

Podría existir la "técnica" sin los "actos técnicos", pero no al contrario.

En nuestro hablar actual, la diferencia anterior la podríamos expresar como "tecnología" (la "ciencia" *–logos–* de los instrumentos) e "instrumentos y aparatos".

Un ejemplo: no es lo mismo "saber fabricar un coche" (estar en posesión de la "tecnología" para hacerlo) que fabricar un modelo concreto u otro (que sólo diferirán entre sí en aspectos muy poco significativos).

TÉCNICA DEL ARTESANO: La técnica del artesano, propia de la Antigüedad y de la Edad Media. Es el segundo estadio de la evolución de la técnica, tras la técnica del azar, que es el más primitivo.

En la técnica del artesano hay muchos más actos técnicos que en la del azar, aunque la mayoría de los actos siguen teniendo la apariencia de actos naturales. El artesano es alguien dotado con unas habilidades especiales.

Se reconoce con este nombre al que hace por su cuenta objetos de uso doméstico imprimiéndoles un sello personal, a diferencia del obrero.

En este estadio de la técnica todavía no hay conciencia del poder que ésta tiene.

TÉCNICA DEL AZAR: Es el primer estadio de la técnica, según Ortega, y es la propia del hombre primitivo; es accesible a todos los miembros de la comunidad y se halla confundida con el repertorio de actos naturales.

Los actos técnicos son muy escasos. Todavía no existe la conciencia de la técnica.

Es una época de invenciones de instrumentos donde el azar y la casualidad son los técnicos. Por eso este estadio es un tiempo de mera manipulación.

TÉCNICA DEL TÉCNICO: Es el tercer y último estadio de la técnica según Ortega. Este estadio aparece en la época moderna, y especialmente en la edad contemporánea, con la importancia adquirida por la maquina y la diferencia entre el técnico y el no técnico.

Ya existe una clara conciencia del poder de la técnica y se ve en ella una capacidad ilimitada.

Según Ortega la técnica contribuye a que el hombre piense que ya *lo es* y que puede *ser todo lo que se imagina*.

En este estadio predominan mucho más los actos técnicos que los naturales.

La máquina definitivamente deja en segunda línea al hombre siendo ésta la que fabrica, el actor. Al hombre Ortega le llama "auxiliar de máquina".

TECNICISMO DE LA TÉCNICA: El tecnicismo consiste en el *método intelectua*l que opera en la creación técnica. Para Ortega, el tecnicismo es una condición necesaria pero no suficiente para que haya técnica: no hay técnica sin tecnicismo, pero sólo con el tecnicismo no tenemos técnica, porque falta una cierta "actitud". No basta con tener una facultad para que, sin más, la podamos poner en práctica. En particular, el *tecnicismo antiguo* funcionaba a la manera aristotélica: no descomponía el fenómeno natural, sino que a la totalidad del fenómeno le busca una causa también total. El *tecnicismo moderno*, en cambio, tiene un nuevo modo de operar: analiza la naturaleza, busca sus aspectos elementales: crea y usa el método científico. Por eso dice Ortega que de la técnica surge la ciencia física y, de este modo, física y tecnicismo moderno comparten la misma raíz.

VIVIR: Existe un "vivir biológico" cuyas exigencias (necesidades) hay que satisfacer, que de no hacerlo llevan a la muerte; pero también existe un "vivir humano" que no está sometido a las exigencias naturales de la vida y que incluso puede renunciar a ellas.

Pero, además, el primero es universal y genérico para todos los seres vivos, mientras que el segundo es *humano,* personal y *subjetivo*. Pero también puede significar *la humanidad y sus creaciones culturales*, que son el soporte de la técnica.

Ortega utiliza con deliberada ambigüedad literaria este término, que resulta preciso determinar en relación al contexto de aparición.

Lo mismo sucede con el término "hombre", que unas veces es usado como sinónimo de "humanidad" y otras como equivalente a "individuo".

BIBLIOGRAFÍA

ABELLÁN, J. L., *Ortega y Gasset en la filosofía española*. Tecnos, Madrid, 1966.

CEREZO GALÁN, P., *La voluntad de aventura*. Ariel, Barcelona, 1984.

CHAMIZO DOMÍNGUEZ, P. J., *Ortega y la cultura española*. Cincel, Madrid, 2002.

FERRATER MORA, J., *Ortega y Gasset. Etapas de una filosofía*. Seix Barral, Barcelona, 1973.

MARÍAS, J., *Ortega, circunstancia y vocación*. 2 vols. Revista de Occidente, Madrid, 1973.

Ortega. Las trayectorias. Alianza, Madrid, 1983.

MARTÍN, F. J., *La tradición velada. Ortega y el pensamiento humanista*. Biblioteca Nueva, Madrid, 1999.

MOLINUEVO MARTÍNEZ DE BUJO, J.L., *Para leer a Ortega*. Alianza, Madrid, 2002.

MORÓN ARROYO, C., *El sistema de Ortega y Gasset*. Alcalá, Madrid, 1968.

RODRÍGUEZ HUÉSCAR, A., *La innovación metafísica de Ortega*. Ministerio de Educación y Cultura, Madrid, 1982.